Vos enfants
ne sont pas
des grandes personnes

Collection « Questions de Parents »
dirigée par Mahaut-Mathilde Nobécourt

Béatrice Copper-Royer

Vos enfants ne sont pas des grandes personnes

Préface du Dr Alain Braconnier

Albin Michel

Avertissement

Les observations cliniques qui figurent dans ce livre ont toutes, pour des raisons évidentes de confidentialité, été modifiées. Toute ressemblance de nom, de prénom, de lieu, ne pourrait être que fortuite.

Tous droits réservés.

© Éditions Albin Michel S.A., 1999
22, rue Huyghens, 75014 Paris

ISBN : 2-226-10992-7
ISSN : 1275-4390

Sommaire

Préface 9
Introduction 17
I La peur d'être parent aujourd'hui 23
II À chacun sa place 39
III L'éducation : un passage obligé 53
IV L'enfant, ses parents et la vie scolaire 79
V L'enfant et la famille éclatée 99
VI Les relations entre frères et sœurs 119
VII Donner les bonnes réponses 141
VIII Le mythe de l'harmonie, la peur du conflit 155
Conclusion 169

Préface

Le XXᵉ siècle a sans doute été marqué par un souci jusque-là jamais égalé d'apporter la meilleure éducation possible et le meilleur bien-être aux enfants. Depuis le début de ce siècle, de nombreux éducateurs et psychologues de l'enfance sont devenus célèbres, citons à titre d'exemple Maria Montessori, Jean Piaget. Les psychanalystes ont marqué notre siècle : Freud évidemment et un pédiatre devenu psychanalyste D. W. Winnicot, quatre grandes figures de la psychanalyse de l'enfant, également : en Grande-Bretagne, la fille de Freud, Anna et Mélanie Klein, en France, Françoise Dolto et Serge Lebovici. Ces chercheurs ont consacré leur vie à tenter de se faire une idée claire, si ce n'est complète, de ce qu'est le monde de l'enfance.
Au XVIIᵉ siècle, La Bruyère affirmait non sans mélancolie que l'homme était tout entier dans l'enfant, ou que l'enfant n'était « qu'un homme en miniature ».
Le XXᵉ siècle a, pour une grande part, inversé cette proposition : l'adulte est apparu de plus en plus déterminé par ce qu'il avait vécu dans son enfance. L'enfance de Sigmund Freud marqua peut-être plus notre siècle dans ce domaine qu'on ne le croit : à l'âge de deux ans et demi, l'inventeur de la psychanalyse raconte qu'il subit un véritable traumatisme avec la naissance de sa sœur Anna. Brusquement sa mère disparut de la maison tandis que son demi frère, Philip, licenciait au même moment une nurse qui s'occupait de lui. Le petit garçon cherchait désespérément les deux femmes

qui comptaient le plus dans sa vie. Philip lui expliqua que la nurse avait été *eingekästelt*, « mise en boîte » (expression allemande pour dire emprisonnée, car on la soupçonnait d'avoir volé). Le petit Sigmund suppliait son frère de faire sortir sa mère, prisonnière de la grande malle qui se trouvait dans sa chambre. Quand celle-ci réapparut, belle et mince, avec la nouvelle rivale, sa sœur Anna, Sigmund se demanda si ce n'était pas son frère Philip qui avait mis ce bébé à l'intérieur de sa mère. Cette question, pour ce petit garçon de deux ans et demi, devint dans ses souvenirs des années plus tard, à la fois nécessaire et dangereuse. Freud a conservé toute sa vie un attachement passionné pour sa mère. Dans sa théorie, il a particulièrement idéalisé la relation entre mère et fils. Ce sont ces reflets d'ombres originaires, déposés dans l'esprit du petit Sigmund Freud, et oubliés pendant des années, qui ont probablement donné naissance à sa curiosité passionnée pour l'enfance et ses effets sur toute la vie, et tissé la trame première de la psychanalyse. Tant de mystères pour un enfant : sa jeune mère enceinte d'une rivale, son grand frère qui semblait impliqué d'une manière étrange, son neveu plus âgé que lui, à la fois ami et ennemi, son père qui aurait pu être son grand-père, etc. La disparition d'une mère, la naissance d'un bébé, la mort d'un père, la brutalité d'un adulte peuvent tout désorganiser pour un enfant et lui faire perdre le sentiment de sécurité qu'il a d'abord connu. Ce principe d'explication étant posé, la plupart des attitudes éducatives s'en est du même coup trouvée, dans une large mesure, transformée. L'époque de la Comtesse de Ségur où « les parents, en toute bonne foi, mettaient des bonnets d'âne à leurs enfants, les fouettaient ou les obligeaient à porter des pancartes humiliantes, signe de leur forfait » est révolue ; « aujourd'hui on sait qu'il faut absolument éviter cet écueil ».

Le livre clair, documenté, illustré de nombreux exemples et par conséquent utile pour tous, de Béatrice Copper-Royer vient nous rappeler qu'il est toujours nécessaire de défendre l'idée que l'enfant est une personne mais une personne en développement.

Ce point de vue permet d'éviter deux positions extrêmes : celle qui fait de l'enfant un petit animal rapportant tout à lui-même, prêtant volontiers aux choses des désirs analogues aux siens, il faut donc à tout prix l'éduquer pour le préparer à la société et à la culture des adultes et celle qui porte à voir les enfants pour plus grands qu'ils ne sont en réalité, d'en faire des sujets adultomorphes, qu'il ne s'agirait plus alors d'accompagner tendrement mais durement dans leur développement.

La structure de l'enfant n'est en effet pas celle d'un organisme adulte et stabilisé. Elle est celle d'un sujet vivant, d'une personne en voie de formation. Son adaptation va, de ce fait, se dérouler suivant un rythme à la fois propre à chacun et en même temps marqué par des étapes successives, alliant le plus harmonieusement possible le développement du corps, de l'affectivité, des capacités intellectuelles et des relations sociales. Plus souvent qu'on ne le croit ou ne le dit, entre la croissance du corps et le développement de l'esprit, les rapports sont étroits et constants.

L'enfance se caractérise par l'adaptation d'un être qui se construit en quelque sorte au physique et au moral et qui évolue, par moment rapidement, par moment lentement, de façon à lui permettre d'assimiler ces transformations.

Au début du XXe siècle, ces périodes d'adaptation et de réajustement que sont l'enfance et l'adolescence, comparées à la durée totale de la vie humaine (50 ans en Europe) étaient relativement longues puisqu'elles en occupaient plus du tiers.

Qu'en est-il en cette fin du XXe siècle et en ce début du XXIe siècle ? Beaucoup s'interrogent aujourd'hui sur ce qui marquerait les « adieux à l'enfance », c'est-à-dire la sortie de l'enfance et la fin de l'adolescence. Si la durée moyenne de vie s'est réellement allongée par rapport au début de notre siècle, la durée de l'enfance et de l'adolescence ne s'est-elle pas elle-même prolongée ? La difficulté contemporaine de marquage entre le monde de l'enfance et le monde de l'adulte est évidente. Nous en voyons un signe dans le constat de la disparition des rites d'initiation, utilisés de tout temps comme repère de ce passage. Il ne semble plus rester que le baccalauréat et le permis de conduire.

L'utilisation de l'enfant comme interlocuteur privilégié, voire comme décideur dans la presse, la télévision, la publicité et l'affaiblissement, y compris donné par les lois, de l'autorité parentale, ont insidieusement amené les adultes, et tout particulièrement ceux qui sont les plus concernés, c'est-à-dire les parents, les enseignants et les éducateurs, à considérer les enfants comme des grandes personnes. Il ne s'agirait plus alors de penser que l'enfant est un homme en miniature mais de se laisser habiter par le fait que l'enfant et l'adulte ont les mêmes droits en oubliant, comme nous le rappelle avec beaucoup de finesse, de nuance et d'arguments l'auteur de ce livre, le nécessaire processus de maturation du sujet humain. Ce processus est progressif et comporte, si on n'y prend garde, un double risque : celui pour les parents de voir leurs enfants plus grands qu'ils ne le sont en réalité, celui pour les enfants de prendre, dès qu'ils le peuvent, la place des grandes personnes sans avoir traversé les étapes de l'expérience que cette place permet d'occuper.

Si l'on veut chercher à comprendre la nature profonde de cette évolution qui constitue la maturation du sujet humain, il serait inexact de penser à un déroulement, à un déploiement ou à un processus linéaire évidemment trop simple que nous suggère le mot « développement ». Il faudrait plutôt parler d'« épigénésie », terme un peu barbare qui signifie tout simplement l'apparition de formes nouvelles qui s'ajoutent aux anciennes et entraînent, à chaque instant, un remaniement de tout l'organisme en voie de formation. Les parents doivent donc s'attendre à voir surgir de brusques changements dans l'attitude de leur enfant et à constater des arrêts, des hésitations, des retours en arrière qui pourront paraître déconcertants mais qui ne sont pas pour autant des signes de troubles importants ou de difficultés graves.

Prenons l'exemple, pour certains ô combien banal, du « réalisme enfantin ». Pour nous, adultes, être réaliste c'est être objectif, c'est-à-dire voir les choses et les événements tels qu'ils sont, indépendamment de nos désirs et des mille intrusions de notre Moi dans notre vision du réel. Cette objectivité est la condition indispensable d'une adaptation la meilleure possible aux circonstances. Mais il n'est pas d'objectivité sans un effort soutenu d'impartialité qui consiste justement à contrôler, si ce n'est refouler, notre affectivité par laquelle notre moi tend à nous envahir et à tout fausser. Ainsi, la première condition pour être objectif est d'avoir un vif sentiment de notre subjectivité. Ceci posé, on voit immédiatement que le réalisme enfantin se situe juste à l'opposé du réalisme de l'adulte. Il est l'antithèse du sentiment d'objectivité. Le monde de l'enfance interdit pendant tout un temps toute séparation, et a fortiori toute opposition, entre l'objectif et le subjectif, sinon le jeu une des activités essentielles combien utiles et agréables de l'enfance, serait impossible. Le monde de l'enfance favorise d'autre part cet envahissement inconscient de la réalité extérieure par le Moi. Voilà pourquoi le réalisme chez l'enfant consistera, à l'inverse de celui de l'adulte, à confondre sans cesse le Moi et les choses. De là ces perpétuelles confusions chez l'enfant entre l'interne et l'externe et cette tendance chez lui à matérialiser la pensée. C'est ainsi que pour lui, sa pensée sera identique à une « voix », les noms des objets seront considérés comme des qualités qui leur appartiennent en propre et qui extériorisent aisément ses rêves.

L'enfant prête aux choses conscience et vie. Plus il est jeune, plus tout est doué, à ses yeux, de volonté et d'attention, en participation plus ou moins étroite avec les siennes. De là sa propension à commander aux êtres et aux choses, et à se fâcher si elles lui résistent. Mais, en même temps, c'est grâce à ces liens étroits de dépendance que le jeune enfant sent exister en lui ses parents, ce qui lui permet de s'identifier ainsi à eux. Il se fait une idée presque divine de ceux-ci. Mais il va être incité à penser que tout ce qui est fait pour lui est en définitive fait par ses parents. Il leur attribue, certes naïvement, une puissance et une bonté qui permettent de comprendre que si les parents se dérobent à ce jeu de la maturation de l'esprit humain, ils empêchent l'enfant de progresser. Chaque adulte, parent, éducateur, psychologue, peut comprendre que la progression de l'enfant dans sa relation au monde doit aller dans son esprit de l'indéfini au défini, de la toute-puissance au manque et au désir, du sommaire à l'analytique, du pratique au théorique, c'est-à-dire de l'action à la réflexion pour l'action. Nous ne sommes donc ni devant un développement linéaire, ni même devant un mouvement oscillatoire, mais il serait plus exact de parler d'un développement en spirale.

Quel rôle joue dans tout cela l'affectivité ? Les sentiments et les émotions auront souvent à remplir pour les uns et pour les autres, c'est-à-dire tout autant pour les parents que pour les enfants, une fonction de moteur mais aussi un rôle d'avertisseur. Ce dernier a souvent pour but d'alerter le vivant et de le prévenir du degré de désadaptation où il se trouve. Ce rôle d'avertisseur est des plus importants. Plaisir et douleur, joie et tristesse, angoisse et sécurité, émotion et sentiment, sont pour l'homme, quel que soit son âge, le baromètre qui lui indique toujours avec une très grande précision l'état profond de son être, de ce qui l'excite, le séduit mais aussi de ce qui lui manque. L'être humain, et l'enfant en particulier, est « affecté », c'est-à-dire secoué, ébranlé par le fait qu'un certain déséquilibre en lui réclame une intervention de soi ou de l'autre. C'est la raison pour laquelle, comme Béatrice Copper-Royer nous l'illustre par des exemples concrets, vivants et significatifs, il conviendra souvent d'aborder le développement de l'enfant, sa maturation, par l'étude de l'affectivité de chacun et des liens qui unissent ou désunissent les enfants et leurs parents mais aussi les parents entre eux. Mais il ne servira à rien qu'un enfant ou qu'un parent soit alerté d'une menace dans son équilibre s'il n'a pas à sa disposition les moyens de parer immédiatement à ce danger.

Comment structurer un enfant ? Telle est la question que se pose chaque parent et auquel nous aide à répondre l'auteur de ce livre.

Préface

Avoir l'autorité nécessaire sans autoritarisme, poser des limites sans laxisme, respecter le rythme propre à chaque enfant, jouer et punir, en un mot « écouter ses enfants » c'est respecter l'infantile en eux.

Les besoins humains qui concernent la vie spirituelle exigent l'intervention de procédés plus souples et plus nuancés qu'une simple activité réflexe. Il sera nécessaire d'avoir recours à une activité intelligente et volontaire. Nous oserions dire plutôt volontaire et intelligente. Volontaire parce que le fait d'être parent nécessite la volonté de l'être. Cette volonté est nécessaire mais pas suffisante. L'éducation nécessite aussi de l'intelligence, non pas de l'intelligence au sens purement intellectuel du terme, car là aussi, comme l'auteur de ce livre nous le rappelle, il n'y a pas une intelligence qu'un quotient intellectuel permettrait de quantifier, mais différentes formes d'intelligence qui sont toutes guidées par un seul objectif, celui de permettre à l'enfant d'exprimer le meilleur de lui-même. Ici l'opposition entre l'éducation dite attrayante qui paraît plus conforme à la psychologie de l'enfant et qui répond au bon sens qui veut que psychologiquement il est impossible de provoquer une activité sans quelque intérêt, et les méthodes dites sévères parce que basées sur l'effort et la discipline, doit être dépassée. Effort et intérêt apparaissent comme deux processus indissociables de l'expression personnelle.

Cette éducation comporte des particularités selon le contexte. Notre monde contemporain présente, pour nos enfants, des contextes nouveaux, devenant statistiquement de plus en plus normaux : les séparations parentales, l'éducation par un parent seul, y compris parfois le père, les familles recomposées amènent à reconsidérer aujourd'hui quelques a priori, ou pour le moins à prendre en compte les situations nouvelles. Mais celles-ci impliquent aussi un risque, un risque actuel, celui d'adultiser l'enfant, de lui donner des responsabilités qu'il ne peut pas toujours aussi facilement assumer qu'il ne semble le montrer.

Le projet devient clair : on doit reconnaître à l'enfant les besoins qui lui sont propres sans pour autant l'infantiliser. Aujourd'hui il devient utile de dénoncer une dérive dans les méthodes éducatives contemporaines « au nom de la sacro sainte autonomie », qui consiste à priver l'enfant du monde de l'enfance et de ce qui l'accompagne : l'autorité et l'amour des parents.

Dr Alain Braconnier

# INTRODUCTION

Benjamin a 9 ans : bouille ronde, regard vif, nous nous rencontrons sur injonction du juge aux affaires familiales au cours de la procédure de divorce de ses parents. Divorce conflictuel, compliqué, douloureux, dont les affrontements se cristallisent autour de la résidence de Benjamin, qui vit pour l'instant chez sa mère et voit son père un week-end sur deux. Mais celui-ci a décidé de demander que la résidence de Benjamin soit fixée chez lui, et la tension entre les parents de Benjamin est vive.
Devant moi, il désespère que cela cesse un jour : « C'est pire qu'avant, dit-il, dès qu'ils se parlent ils hurlent, et en plus ils veulent que je choisisse, mais moi, je sais pas, dit-il en plein désarroi, je suis pas une grande personne... »
L'histoire de Benjamin n'a rien d'exceptionnel. Combien d'enfants rencontrés dans ce contexte-là se sont eux aussi trouvés face à ces demandes de choix impossibles contre lesquelles j'ai tenté de m'insurger. Benjamin avait ce jour-là, devant moi, trouvé le mot juste : il n'était pas une grande personne !
Depuis, très souvent, dans le quotidien d'une consultation psychologique pour enfants et adolescents, j'ai eu envie de redire aux parents que je rencontre ce que Benjamin m'a dit ce jour-là : attention ! votre enfant n'est pas une grande personne.
Bien sûr, l'enfant est une personne ; les psychanalystes, Freud le premier, qui, en son temps, en 1905, a osé parler d'une sexualité

chez l'enfant[1], Melanie Klein, Anna Freud, Donald Winnicott et, très près de nous, Françoise Dolto, qui a sans doute le mieux défendu la « cause des enfants », ont eu raison de le dire et de le redire : l'enfant est une personne, avec une vie sexuelle, des désirs qui lui sont propres, des besoins qu'il faut savoir décoder et satisfaire. Mais, pour autant, est-ce que les adultes aujourd'hui doivent en faire des interlocuteurs pour tout, les mettant bien souvent devant des situations qui les dépassent ? Est-ce bien raisonnable que certains parents, probablement effrayés par la peur de vieillir dans une société où le mythe de la jeunesse éternelle est de plus en plus omniprésent, tentent de gommer l'écart de génération qui existe entre eux et leurs enfants, écart structurant et nécessaire ? La peur de tomber dans un autoritarisme absurde et désuet a parfois conduit certains à un « laisser faire », qui ensuite leur pose des problèmes qu'ils viennent d'ailleurs tenter de régler en consultation, attendant du thérapeute des « recettes » miracles qu'ils sont souvent déçus de ne pas recevoir !

Il est sûr que tout porte les parents à voir leurs enfants plus grands qu'ils ne le sont dans la réalité. Presse, médias, publicitaires prennent l'enfant comme interlocuteur privilégié, voire comme décideur. Et les enfants eux-mêmes se voient plus grands qu'ils ne le sont, s'identifiant aisément aux adolescents des séries télévisées dont ils se repaissent, mimant leurs attitudes et calquant sur eux leurs modes de relation aux autres, gommant eux-mêmes ce temps pour l'enfance après lequel ils courront plus tard, sans jamais pouvoir le rattraper...

À écouter jour après jour les parents venir me parler de leurs enfants, jamais, me semble-t-il, ils n'ont été aussi soucieux de leur bien-être, jamais l'idée de les rendre « heureux » n'a été aussi présente, et combien de ces enfants paraissent pourtant souffrir d'un mal-être d'autant plus troublant pour leurs parents ?

Kathleen Kelley-Lainé, dans *Peter Pan ou l'Enfant triste*, rappelle à

---

1. Sigmund Freud, *Trois Essais sur la théorie de la sexualité*, Gallimard, 1962.

Introduction

juste titre que : « Les enfants ne sont pas seulement habiles, ils sont à l'affût d'une occasion de prendre la place des grandes personnes[1]. » Peut-être qu'insidieusement, sans le vouloir, les parents ont laissé leurs enfants s'« emparer du pouvoir », mais ce pouvoir qu'ils revendiquent ne les encombre-t-il pas très vite ? C'est à toutes ces questions que ce livre voudrait tenter de répondre, sans juger ni rechercher des coupables, mais avec l'éclairage d'une expérience clinique auprès d'enfants et d'adolescents.

---

[1]. Kathleen Kelley-Lainé, *Peter Pan ou l'Enfant triste*, Calmann-Lévy, 1992, p. 123.

I
LA PEUR
D'ÊTRE PARENT AUJOURD'HUI

Les enfants sont des personnes, mais ce ne sont pas de « grandes » personnes. Pas encore ! Leurs parents restent les adultes, demeurent ces grandes personnes sur qui ils ont besoin de s'appuyer et qui vont peu à peu les mener sur la route de l'indépendance et de l'autonomie. Mais ne rêvons pas, cela prend du temps, beaucoup de temps, et nécessite une chose très simple : que les parents n'aient pas peur de prendre leurs responsabilités, qu'ils osent grandir et qu'enfin et surtout ils reprennent confiance en eux et se sentent sereins devant cette mission qui les passionne mais qui, aujourd'hui, semble souvent les inquiéter.

Évolution de la place de l'enfant, évolution des parents

Philippe Ariès, dans son livre, *L'Enfant et la vie familiale sous l'Ancien Régime*[1], retrace avec brio l'évolution de la place de l'enfant à travers les âges. Il rappelle par exemple que, jusqu'au milieu du XVIIIe siècle environ, la société n'aimait pas les enfants et en prenait peu soin. Il en mourait tant que l'on faisait peu de cas de leur mort et ceux qui résistaient étaient inclus dans la « communauté » des hommes, sans statut particulier et sans liens

---

[1]. Philippe Ariès, *L'Enfant et la vie familiale sous l'Ancien Régime*, Seuil, 1973.

affectifs spécifiques. Ce n'est qu'au XIXᵉ siècle que la famille « moderne » a commencé à se former et que la place de l'enfant est devenue prépondérante.

Dans un entretien avec Françoise Dolto en 1973, dont le texte est réuni avec d'autres dans *La Difficulté de vivre*[1], Ariès lui fait remarquer que, progressivement, à partir de ce moment-là, « tout s'organise autour de la promotion de l'enfant, et d'un enfant réduit, pour ainsi dire, à satisfaire les ambitions que ses parents n'ont pu réaliser[2] ». En réponse, Françoise Dolto s'insurge de ce poids trop lourd mis sur le dos des enfants, alors que ce sont eux qui devraient attendre de leurs parents gratifications et fierté : « L'enfant est tour à tour l'ennemi immédiat s'il apporte du tort à la famille ou la honte de ses insuccès, ou l'étendard glorieux s'il apporte des honneurs, de bonnes notes, des succès, des exploits » dit-elle[3].

Mais l'évolution sans doute la plus déterminante est la réduction de la cellule familiale. Philippe Ariès, toujours, insiste sur ce fait qui a renforcé considérablement l'importance du rôle des parents, lequel n'a cessé de s'accroître avec le temps : « La société où vivaient les enfants aux XVIᵉ, XVIIᵉ, XVIIIᵉ, et dans les classes populaires jusqu'au XXᵉ siècle, était très dense. Elle fournissait à l'enfant des quantités de substituts du père et de la mère[4]. »

À l'aube de l'an 2000, la famille est plus que jamais réduite, les relais sont difficiles à mettre en place et les responsabilités se trouvent concentrées sur les parents, ce qui nourrit chez un certain nombre d'entre eux des peurs bien encombrantes...

---

1. Françoise Dolto, *La Difficulté de vivre*, Livre de Poche, 1986.
2. ID., *ibid.*
3. ID., *ibid.*
4. Philippe Ariès, *L'Enfant et la vie familiale sous l'Ancien Régime, op. cit.*

La peur de mal faire

L'arrivée d'un enfant aujourd'hui est le plus souvent attendue, programmée. Les couples qui se forment, qu'ils soient mariés ou qu'ils vivent en union libre, débattent du « meilleur » moment pour que ce projet d'enfant se réalise. Ce n'est pas par hasard si, en moyenne, les mères ont leur premier enfant de plus en plus tard : il faut que toutes les conditions psychologiques et matérielles soient réunies pour que l'enfant soit accueilli dans un environnement idéalement favorable. On comprend aisément que le contexte économique – emploi, autonomie financière, logement – est un paramètre déterminant dans le projet de fonder une famille, mais il s'y ajoute des considérations plus affectives et très subjectives : sommes-nous vraiment prêts, assez disponibles, suffisamment matures pour que cet enfant soit assuré d'un bien-être « parfait » ? Sans doute le « stress » commence-t-il là. Car, en effet, si tout est fait pour que cela se passe bien, cela ne peut pas se passer mal, et si cela se passe mal, cela devient d'autant plus intolérable. On voit bien là que l'obligation de réussir devient de plus en plus prégnante et inquiétante, d'autant que « réussir » sous-entend, ici, donner à l'enfant le bonheur absolu.
Rude tâche pour tous, et pour l'enfant d'abord, mis en demeure d'être « heureux » absolument, nonobstant ses peurs, ses colères, ses émois. Quand un symptôme surgit qui pourrait expliquer un mal-être, l'incompréhension des parents et leur culpabilité sont très vives.

> « Hugo n'est jamais content, il pleurniche sans arrêt, réclame toujours ce qu'il n'a pas, dit cette mère désemparée devant l'attitude de son fils de 6 ans, et qui la supporte très mal puisque, explique-t-elle, il a tout pour être heureux : il est aimé et gâté par des parents qui s'entendent et ne lui refusent rien... »

Hugo est en pleine période œdipienne, étape de son évolution nécessaire et déterminante pour la construction de sa personnalité où il doit renoncer à élire sa mère comme objet d'amour, ce qui ne se passe pas sans sentiments contradictoires et sans souffrances. Alors il s'oppose et revendique : bien évidemment jamais satisfait, puisque son désir est ailleurs, il réclame toujours autre chose, toujours davantage, et ce d'autant plus que ses parents répondent à ses demandes au pied de la lettre et, comme sa mère le dit elle-même, « ne lui refusent rien ».

Ce qui rend la situation encore plus douloureuse et complexe, c'est que Hugo, dans ses plaintes et dans son opposition, ne répond plus à l'idéal de perfection que ses parents s'étaient forgé : s'il se plaint, pensent-ils, c'est que nous faisons les choses de travers, nous qui pourtant faisons tout pour être des parents parfaits, sous-entendu des parents préoccupés d'abord de satisfaire les besoins de notre enfant pour qu'il soit « heureux ». Mais ces parents confondent des idées pourtant bien différentes, car, en effet, respecter le désir de l'enfant en tant que personne n'implique pas pour autant se soumettre à la loi de son plaisir à tout prix ! La psychanalyste Silla Consoli insiste sur cette idée : « En imaginant répondre aux demandes d'amour de leurs enfants par objets de substitution interposés, certains parents infligent sans le vouloir des carences affectives plus graves à leur progéniture que s'ils étaient moins disponibles mais acceptaient d'entrer eux-mêmes directement dans la relation [1]. »

Sans doute oublient-ils aussi une chose essentielle, qui est que l'évolution de l'enfant est faite de renoncements successifs, de castrations, pour reprendre le vocabulaire psychanalytique. Winnicott explique bien comment, peu à peu, la mère, toute « dévouée » à son nourrisson, lui apprend l'« attente » : « On peut dire ici de la mère, dit-il, qu'elle ne laisse pas tomber son nourrisson, bien qu'elle puisse et qu'elle *doive* le frustrer dans le sens où elle

---

1. Silla Consoli, « Les liaisons dangereuses », *in Psychiatrie française*, n° 5, Paris, 1985.

satisfait ses besoins instinctuels. » Et il ajoute que, peu à peu, « de nouveaux processus de développement se sont instaurés qui permettent à l'enfant d'affronter la perte [1] ».

On le comprend, c'est donc la soumission à ces renoncements qui va lui permettre de conquérir son indépendance, sa liberté : au sortir du stade oral, il renonce au sein maternel, au biberon, mais il découvre le langage et sa force de communication ; au stade anal, il renonce à se souiller, acquiert la propreté et développe ses capacités motrices : marcher, courir, grimper et découvrir le monde ; la période œdipienne lui signifie douloureusement qu'il doit renoncer à élire sa mère (ou son père) comme objet d'amour, mais elle l'ouvre sur la vie sociale et sur l'amour des autres. Tous ces moments sont empreints de désirs contradictoires, d'ambivalence, de souffrances donc, qui ne doivent pas faire peur aux parents ou les culpabiliser à outrance.

> Anthony va avoir 3 ans. Il est le dernier de trois garçons. Sa mère consulte, car Anthony a des problèmes de transit, il refuse de faire ailleurs que dans sa couche. Quand on la lui enlève, il se retient jusqu'à ce qu'on la lui remette. Très vite, cette situation va alimenter chez la mère d'Anthony une angoisse vive et une culpabilité massive à l'idée que cette étape parfois délicate du développement de l'enfant fasse souffrir son fils. Au cours d'un entretien, la mère d'Anthony, en présence de son fils, a pu mettre en mots son ambivalence à laisser son fils grandir, mais aussi sa peur de voir Anthony incapable de franchir ce cap, qui se révèle un peu douloureux pour lui, et sa propre difficulté à faire face au désarroi de l'enfant. Ces paroles maternelles exprimées devant lui et écoutées avec une grande attention ont permis à Anthony de se dégager de l'angoisse de sa mère et de sortir de l'impasse.

À l'instar de la mère d'Anthony, les parents, empêtrés qu'ils sont dans l'idée de ne pas faire souffrir l'enfant, ont, semble-t-il, du mal

---

[1]. Donald Winnicott, *Processus de maturation chez l'enfant*, Payot, 1989.

à supporter les conflits naturels qui naissent de ces « castrations » nécessaires à son évolution et, du coup, peinent à le soutenir sereinement, par la parole et la compréhension. Il est probable que cela les renvoie douloureusement à leur propre enfance et que cet écho soit pour eux insupportable, mais surtout qu'ils soient bien trop accaparés par des attentes de gratifications et de réassurance sur leur capacité à être des bons parents.

Les besoins de réassurance et de gratifications

Cet enfant tant attendu et accueilli avec le plus grand soin va devenir dans l'imaginaire de ses parents l'enfant idéal capable de les installer à une place de parents tout aussi idéale et idéalisée. La société les conforte dans leurs attentes ; il n'y a qu'à regarder avec quel systématisme les publicitaires utilisent les enfants, beaux, astucieux, facétieux, tellement plus futés que les adultes, comme supports des produits qu'ils lancent sur le marché de la consommation, quand ce n'est pas l'enfant en devenir, idéalement attendu par sa mère idéale... L'imaginaire envahit le champ des relations et l'irruption de la réalité devient problématique.

Au sujet de l'amour que l'on porte aux enfants, André Comte-Sponville parle de « travail » nécessaire pour passer de l'imaginaire à la réalité : « Il y aura d'ailleurs tout un travail à faire pour passer de cet amour narcissique des enfants rêvés, à celui autrement plus riche et difficile des enfants réels. (...) Travail de deuil ? sans doute, mais c'est aussi bien le travail de l'amour, ou l'amour même comme travail, il y a du désespoir dans tout amour, et d'autant plus qu'on se fait moins d'illusions. (...) Il faut aimer les gens tels qu'ils sont ou ne les aimer pas, les aimer tels qu'ils sont ou n'aimer que ses propres rêves, les aimer tels qu'ils sont ou les espérer autres et leur reprocher toujours de nous décevoir [1]. »

---

1. André Comte-Sponville, *L'Amour la solitude*, Paroles d'aube, Vénissieux, 1997.

Les consultations psychologiques pour enfants sont pleines de ces parents déçus et désemparés qui cherchent l'appui du « spécialiste » pour s'y retrouver tant leurs cartes sont brouillées et leurs peurs vives. Et, en effet, ils ont tant d'occasions d'être déçus puisque, très vite et avec opiniâtreté, leur enfant va tenter de résister à leurs projections idéalisantes ! Dès son très jeune âge, vers 2 ans, leur enfant va découvrir le plaisir et la force de leur dire non et il continuera de s'opposer, avec plus ou moins de volonté selon son caractère, mais avec une constance désarmante tout au long de son évolution.

Nous le verrons plus loin, l'entrée à l'école est source de beaucoup de désillusions (voir chapitre IV), tout comme l'exercice nécessaire de l'autorité (voir chapitre III), qui semble poser des problèmes aux pères, puisque exercer leur autorité les projette hors d'une attitude gratifiante et qu'ils répugnent à endosser un rôle qui leur paraît ingrat et peu valorisant, oubliant cependant que leurs enfants grandissant et atteignant l'adolescence, ils ne pourront pas sans risques laisser perdurer cette attitude d'évitement (voir chapitre VIII).

Il est souvent nécessaire alors de rappeler à tous ces parents désemparés que l'éducation d'un enfant ne doit pas être dictée d'abord par l'idée de ne pas lui « faire de peine » et qu'eux-mêmes doivent supporter le risque d'être « détestés » un moment... Car, débordés qu'ils sont par leur affectivité, leur besoin de donner de l'amour pour en recevoir en retour, les parents n'osent plus affronter les conflits, les souffrances, les frustrations que leurs enfants doivent nécessairement connaître et qui vont leur permettre de se construire comme « sujets ». Ce faisant, ils se conduisent eux-mêmes comme des êtres encore aux prises avec les peurs de l'enfance, ce qui n'est pas très rassurant pour leurs propres enfants, qui, eux, ne sont pas encore des grandes personnes...

La peur de grandir, la peur de vieillir

Avoir un enfant, c'est en quelque sorte sortir de sa position d'enfant de ses parents et se retrouver avec eux sur un pied d'égalité. La naissance d'un enfant réaménage les rapports des parents à leurs propres parents, nous y reviendrons plus longuement (voir chapitre VI). Mais il est aussi probable que, de nos jours, c'est seulement l'arrivée de l'enfant qui va faire sortir ces jeunes parents de leur position d'adolescents. Bien sûr, la conjoncture économique a un effet évident sur l'allongement de l'adolescence et retarde l'entrée dans la vie adulte. Le chômage des jeunes induit une précarité matérielle qui prolonge leur dépendance et retarde leur envol ; quant à ceux qui ont la chance de pouvoir faire des études, ils sont eux aussi le plus souvent contraints de rester chez leurs parents ; en effet, les logements indépendants sont très onéreux et inabordables pour un étudiant qui n'a, au mieux, qu'une activité rémunérée à temps partiel.

Est-ce pour cette unique raison que les jeunes adultes ont de plus en plus de mal à quitter leurs parents et qu'ils maintiennent si longtemps avec eux des liens infantilisants ? Il est intéressant de constater que bon nombre d'entre eux vivent une relation amoureuse stable, tout en restant « chez eux » dans une position encore adolescente avec leurs parents, et que c'est seulement leur désir d'avoir un enfant qui va déclencher leur besoin d'indépendance. Mais cette indépendance toute neuve qu'ils inaugurent avec leur enfant se savoure parfois difficilement.

En effet, combien de parents, rencontrés à l'occasion des difficultés de leurs enfants, font entrer sur la scène familiale, de façon tout à fait prégnante, leurs propres parents.

> « Ma mère pense que c'est idiot que Cindy fasse une dernière année de maternelle », dit cette mère déjà inquiète à l'idée que sa fille de 4 ans ne soit pas la future élève brillante qu'elle-même

a été, satisfaisant ainsi sans conteste le désir de sa propre mère. Cette jeune femme a encore du mal à se dégager du désir de sa mère et il est probable que seules les résistances de sa fille, si elle a la vitalité de les exprimer, l'amèneront à prendre un peu de champ et à grandir.

La mère de Damien, fils unique de 10 ans, s'interroge sur la timidité de son fils, qui redoute de sortir de chez lui pour voir ses amis. « Ce serait sans doute bon pour Damien que je l'envoie en colonie, dit-elle, assez lucide, mais alors là c'est impossible car mon mari dit que sa mère ne comprendrait pas qu'il ne passe pas toutes ses vacances chez elle. » Le père de Damien est, lui aussi, encore captif du désir de sa mère et sans doute espère-t-il inconsciemment prolonger, par l'intermédiaire de son fils, le lien infantile qui les unit.

Sandrine, 15 ans, doit être orientée en fin de troisième et sa mère s'inquiète non pas de la pertinence de ce choix pour sa fille, mais des réactions de sa propre mère : « Pour lui faire comprendre, ça va être dur, je ne sais pas si je vais y arriver », dit-elle, pleine d'angoisse, comme une petite fille qui rapporte un mauvais bulletin. Elle réagit d'abord comme fille de sa mère et non comme mère de sa fille, consciente et responsable de ses choix, ce qui est regrettable pour Sandrine, qui, du coup, ne bénéficie pas de son soutien alors qu'elle en aurait grand besoin.

Ces trois exemples parmi beaucoup d'autres montrent combien le lien infantile à leurs propres parents peut perdurer, bien au-delà de l'enfance et de l'adolescence, chez ces parents qui n'arrivent pas à « grandir », qui ont du mal à se poser en tant que personnes libres, en tant que « sujets désirants ». Ces parents-là, encore très aliénés par leurs fantasmes d'enfance, auront du mal à contenir les peurs de leurs enfants et à être rassurants.

La peur de vieillir est une autre peur, qui n'a pas tout à fait les mêmes ressorts que la peur de grandir, mais qui reste tout aussi dérangeante pour les enfants. On la repère le plus souvent chez les parents de jeunes adolescents. Ces parents, qui commencent à se voir vieillir et doivent au même moment faire face aux transformations pubertaires de leurs enfants, semblent fascinés par l'adolescence qui s'amorce, au point de s'identifier à leurs enfants et de dénier l'idée d'être d'une autre génération : mêmes habits, même langage, mêmes lieux de distraction, même musique, ils s'attribuent tous les codes de cet âge, qui sont le ciment d'une seule génération, celle de leurs enfants, et qui, donc, ne les concernent pas.

Cette attitude, qui est aussi une attitude de séduction, n'est pas du tout structurante pour les adolescents, qui, pour pouvoir continuer d'afficher leur « différence », doivent être toujours plus inventifs, en faire toujours davantage dans l'extravagance mais, surtout, qui, malgré leur opposition, continuent d'avoir besoin de modèles identificatoires solides et recherchent l'appui d'adultes contents de l'être ! Beaucoup d'entre eux se plaignent de leurs parents éternels adolescents, qui ne savent leur renvoyer qu'un pâle reflet de ce qu'ils sont.

> Anna, 16 ans, rencontrée à sa demande pour parler de ses difficultés relationnelles, perçoit sa mère ainsi : « Quand mes amis viennent à la maison, elle reste et fait exprès de parler fort et de faire la folle, elle se fait remarquer, je trouve ça pathétique », dit-elle d'un air dégoûté. Sans le vouloir et probablement dans un mouvement avant tout de séduction, la mère d'Anna inquiète sa fille, qui la voit plus que jamais comme une rivale et se met naturellement dans une position d'infériorité douloureuse.

> Raphaël, 17 ans, juge lui aussi sévèrement son père qui sort avec lui dans les discothèques et fait état de ses conquêtes. S'il reconnaît qu'il y trouve parfois quelques avantages, car toutes ces sorties ne sont pas gratuites et il s'y amuse aussi, Raphaël en retient surtout un sentiment de malaise devant le flou générationnel induit par l'attitude de son père.

Qui est l'adulte, qui est l'enfant ? Ni Raphaël ni son père ne semblent plus très bien le savoir. Mais ce qui est sûr, c'est que ces parents « copains », qui voudraient tant faire comme si la différence des générations n'existait pas, se rassurent surtout eux-mêmes !

La peur des pères

L'évolution de la société avec la généralisation du travail des femmes a souvent conduit les pères à participer plus activement aux soins donnés au jeune enfant. Dans certains pays, ce sont parfois eux qui prennent un congé parental pendant que la mère reprend son travail. En France, la crise économique, avec la montée du chômage, a vu bien des pères qui restaient chez eux à s'occuper de leurs enfants, le travail de la mère étant la source des revenus familiaux. Les pères sont d'ailleurs tout à fait capables d'assurer ces soins aux enfants, même si le faire au quotidien à la place de la mère reste encore assez marginal.

Ce qui est devenu beaucoup plus banal, c'est le partage des tâches, la responsabilité partagée, avec parfois encore un « territoire personnel », pour reprendre l'expression du sociologue François de Singly[1], qui donne l'exemple du « bricolage » pour les hommes, activité qui leur ménage un espace d'autonomie non contesté ! Mais cette participation plus active des pères aux soins de leurs jeunes enfants leur donne-t-elle réellement une place solide dans l'univers familial ? Certains pensent le contraire.

Dans un article publié dans *Histoire des pères et de la paternité*[2], Françoise Hurstel et Geneviève Delaisi de Parseval, toutes deux psychanalystes, montrent au contraire comment, par un certain

---

[1]. François de Singly, *Sociologie de la famille contemporaine*, Nathan, 1994.
[2]. Françoise Hurstel et Geneviève Delaisi de Parseval, « Le pardessus du soupçon », « Mon fils, ma bataille », *in* J. Delumeau et D. Roch, *Histoire des pères et de la paternité*, Larousse, 1990, p. 373-392 et 392-416.

nombre de lois, l'État a réduit, depuis la seconde moitié du XIXe siècle, la puissance paternelle : « La puissance des pères a été réduite à sa plus simple expression, celle d'une puissance partagée, limitée par l'intérêt de l'enfant d'une part et par le droit des femmes de l'autre. » Pour ces auteurs, l'évolution des lois a eu « un ensemble d'effets idéologiques concernant les pères. Le principal est une accusation généralisée de faiblesse et d'impuissance portée à l'encontre des hommes. Ils ne sont plus à la hauteur de la grande tâche paternelle, ils manquent d'autorité, ils sont faibles, absents et défaillants ».

Sans être aussi radical, on peut penser surtout que, la loi les y incitant sans doute, les pères se sont détournés peu à peu d'un rôle traditionnellement autoritaire pour endosser celui d'un père plus tendre, plus compréhensif, plus ouvert au dialogue, plus « maternant ». On comprend qu'ils y aient trouvé de grandes satisfactions, beaucoup de gratifications, ainsi qu'il a été dit plus haut ; il est clair que leurs enfants en ont tiré un gain certain.

Le mouvement de Mai 68 a largement contribué à ce renouveau de la fonction paternelle dans sa lutte contre l'image du père « bourgeois et autoritaire ». Mais ce qui avait des effets plutôt sains et positifs dans un contexte stable de relations familiales intactes semble moins bien s'accorder aux situations de plus en plus fréquentes de ruptures – chômage, divorce –, car les pères se trouvent alors doublement « dévalués ». Quand ils se retrouvent sans emploi, ils perdent peu à peu l'estime qu'ils ont d'eux-mêmes et cette perte de l'estime de soi les décourage d'assurer une quelconque fonction parentale.

Quant au divorce (ou à la séparation de parents non mariés), il est une des causes essentielles de fragilisation du lien paternel. Même si quelques pères se battent pour obtenir une égalité du temps passé par l'enfant chez chacun de ses parents et l'obtiennent, beaucoup désinvestissent leur fonction paternelle, quand ils ne s'effacent pas totalement.

C'est le cas du père de Jean-Marie, 16 ans, lequel consulte avec sa mère avec qui il vit seul, pour des troubles du comportement : il a de violentes colères chez lui et au collège, où il est en difficulté. Les parents de Jean-Marie ont divorcé quand il avait 4 ans. L'enfant est resté avec sa mère et a vu son père, régulièrement, deux fois par mois pendant deux ans. Mais, quand il a eu 6 ans, le père de Jean-Marie a « disparu » et depuis, malgré tous les recours en justice intentés par son ex-femme, il n'a plus donné signe de vie. Le sentiment d'abandon de son fils est intense, la perte et le manque induisent un sentiment dépressif qui s'exprime chez ce garçon intelligent par une apathie scolaire et des pulsions agressives qui jaillissent sans limites, d'autant que sa mère est seule pour y faire face.

Heureusement, ces pères qui disparaissent ainsi dans la nature sans plus donner signe de vie restent des exceptions. Quant à ceux qui, comme la grande majorité d'entre eux, ne voient leurs enfants que quelques heures par mois, ils répugnent à exercer sur eux une quelconque autorité, ne voulant surtout pas risquer de rompre un lien déjà bien fragile.

C'est ce que reconnaît simplement le père d'Emmanuel, 12 ans, qui voit son fils un week-end sur deux et fait à peu près ses quatre volontés alors qu'au seuil de l'adolescence ce garçon aurait bien besoin de se confronter un peu plus à la volonté paternelle. « C'est vrai que j'ai peur qu'il ne veuille plus venir, admet-il, alors je laisse faire... »

Abandon, démission : dans ce courant on peut se demander ce qu'il en est de la fonction paternelle décrite par les psychanalystes, de Freud à Lacan, sans oublier Winnicott et Françoise Dolto, qui tous assignent au père, quelle que soit la manière dont ils le formulent, un rôle déterminant dans la structuration psychique de l'enfant, ce père étant, en fait, le détenteur de la « loi » et celui qui permet de créer entre la mère et l'enfant l'espace nécessaire à l'avènement d'un sujet désirant. Il faut espérer que les pères, malgré les difficultés, n'auront pas peur d'assurer cette fonction d'autorité et de tiers qui ouvre sur l'extérieur ; il faut souhaiter qu'ils ne pensent pas que seule une attitude tendre et permissive leur apportera les satisfactions qu'ils recherchent.

Ce serait vraiment une bonne chose pour leurs enfants que les pères reprennent confiance en eux, qu'ils n'aient pas peur de mal faire, qu'ils ne craignent pas de ne plus être aimés suffisamment et endossent avec sérénité cette fonction paternelle faite de bienveillance, d'attention mais aussi de rigueur qui leur reste spécifique. Mais, pour cela, peut-être faudrait-il que les mères les soutiennent dans cette démarche qui est aujourd'hui compliquée. Car, en effet, ce sont bien elles et elles seules qui peuvent introduire une figure paternelle dans l'univers de leur enfant. C'est en étant respectueuses de ce lien de filiation qu'elles lui donneront sa force et sa valeur, force et valeur qu'elles devront préserver même au-delà de la rupture conjugale, ce que très souvent, malheureusement, elles répugnent à faire, dans un mouvement de toute-puissance maternelle toxique pour leurs enfants. Elles oublient, ce faisant, que leurs enfants, pour être de « vraies » grandes personnes, responsables et autonomes, ont besoin d'un père qui assume tranquillement sa fonction de père.

II
À CHACUN SA PLACE

Les parents d'aujourd'hui souhaitent, dans l'ensemble, être plus proches de leurs enfants que ne l'ont été leurs propres parents. Si un grand nombre d'entre eux déplorent que les contraintes de la vie active ne leur laissent que peu de temps disponible, ils souhaitent de plus en plus partager ce temps précieux avec leurs enfants. Les réalités économiques et sociales, souvent sources d'inquiétudes et de désillusions, donnent plus que jamais à la famille l'envie de se retrouver dans un univers protégé. La presse s'est fait l'écho d'une tendance au *cocooning* et ne cesse de chanter les vertus du bien-être chez soi. Mais ce repli, ce désir d'un cocon, cette soif de quiétude ne risquent-ils pas de conduire à considérer la famille comme devant être « à tout prix » un havre de paix (voir chapitre VIII) et un lieu de fusion dans lequel les parents recherchent d'abord leur bien-être au travers de relations gratifiantes avec leurs enfants, sans respecter les places de chacun et au mépris de leur rôle de tuteurs et de guides ?

Attention à la confusion des rôles

L'enfant a besoin d'amour pour grandir, mais il a aussi besoin d'avoir en face de lui des parents qui assument leur rôle d'éducateurs en lui proposant des repères et en lui indiquant les limites qui vont orienter sa vie en société. Peu importe si, en grandissant, il adopte ou rejette l'éducation qu'il aura reçue, ce premier apport est nécessaire.

Aujourd'hui, il est admis, et souvent souhaité, qu'un père et une mère puissent avoir des rôles interchangeables ; de même qu'un père peut nourrir son enfant ou lui prodiguer des soins, une mère peut exercer son autorité et mener une carrière. Mais si les rôles ont évolué et continuent d'évoluer, si les pères n'ont plus peur d'être tendres et maternants avec leurs enfants, si, par chance, les mères sentent moins sur elles le poids de la culpabilité quand elles sont occupées ailleurs, les fonctions maternelle et paternelle, au regard de l'enfant, conservent des caractères spécifiques. La mère reste une « enveloppe » rassurante, elle représente l'abri, la sécurité, la protection, la chaleur, la tendresse, la compréhension et l'amour. Le père commence par être l'intrus qui peu à peu va créer un espace entre l'enfant et sa mère, c'est donc lui qui frustre, interdit et, pour résumer, « incarne la loi ». C'est un gêneur nécessaire et salutaire qui est là pour s'interposer, interdire à la mère et à l'enfant de se satisfaire mutuellement et qui se porte garant d'une bonne distance entre les deux.

Ainsi la fonction paternelle ne donne sa pleine mesure que si le père, aujourd'hui comblé par la possibilité qui lui est donnée d'exprimer à son enfant soins et douceur au même titre que la mère, accepte aussi d'endosser ce rôle. Il peut lui paraître ingrat quand il l'assimile au rôle de père Fouettard, mais il devrait plutôt être perçu comme une présence rigoureuse et aimante qui aidera l'enfant à devenir une grande personne capable d'affronter les réalités extérieures. Heureusement, beaucoup de pères parviennent à trouver un équilibre entre autorité et tendresse et inventent avec tranquillité un rôle qui leur est propre et où ils se sentent naturellement à l'aise.

Il peut arriver, cependant, qu'un père soit si fasciné par la fonction maternelle qu'il en arrive à jalouser la mère et tente d'usurper son rôle en s'accaparant l'enfant de façon très inquiétante.

À chacun sa place

Simon, 5 ans, est présenté par sa mère comme un petit garçon capricieux et agité avec qui elle a des rapports plus que tendus. Avant la naissance de Simon, ses parents ont vécu dans une entente très harmonieuse, mais quand Simon est né le climat s'est vite dégradé. La mère de Simon a eu le sentiment de ne plus exister, d'être reléguée par son mari au rôle exclusif de nourrice. « Il anticipait tous les désirs du bébé, me bousculait pour que j'aille le nourrir et se précipitait pour le changer. Il me surveillait comme si j'allais faire les choses de travers. Du coup, j'étais de plus en plus crispée quand j'étais avec Simon, il m'empêchait d'en profiter. Il voulait être à ma place. » À sa frustration d'être délaissée se sont ajoutées l'angoisse de n'être pas à la hauteur et la tristesse de s'être laissée enfermer dans un rôle de mère nerveuse, maladroite, impatiente et sévère avec un fils qu'elle considère maintenant plus comme un rival que comme un enfant, ce qui retentit, bien sûr, sur son équilibre psychologique.

Il est clair que Simon avait besoin que chacun retrouve sa place et laisse une place à l'autre ! Son père a eu une attitude difficilement supportable pour sa femme et perturbante pour son fils, dans la mesure où il a empêché la construction d'un lien paisible entre la mère et l'enfant et a provoqué un sentiment de frustration mutuel.
Le père de Simon, en évoquant son enfance austère, a pu un peu mieux comprendre les manques affectifs qui l'ont poussé inconsciemment à chercher à travers son enfant à réparer quelque chose de sa propre histoire, car, comme l'écrit Melanie Klein : « Agir à l'égard des autres en tant que bons parents peut être également une manière de se débarrasser des frustrations et des souffrances du passé. Nos ressentiments contre nos parents parce qu'ils nous ont frustrés, la haine et le désir de vengeance auxquels ces ressentiments ont donné naissance, la culpabilité et le désespoir engendrés par cette haine et ce désir de vengeance... tout cela peut être rétrospectivement effacé en fantasme du fait que nous

jouons à la fois le rôle des parents aimants et celui des enfants aimants[1]. »

On le voit à travers cet exemple, il est important que chacun trouve sa place auprès de l'enfant, respecte celle de l'autre et lui laisse la possibilité de s'y épanouir pleinement, à sa manière. En effet, sans être forcément dans des situations extrêmes, il existe souvent dans les couples, autour des enfants, des conflits de pouvoir plus ou moins vifs, chacun étant persuadé de la supériorité de sa compétence par rapport à l'autre. Dans ces affrontements nourris par un sentiment de rivalité, le duo parental risque de se trouver affaibli, car les enfants sont forts pour repérer les failles et faire alliance avec celui qui les soutient...

> La mère de Rose, 15 ans, et de Fleur, 14 ans, consulte car ses rapports avec l'aînée deviennent très difficiles : elle est insolente et n'en fait qu'à sa tête, créant dans la famille un climat que leur mère supporte mal. Celle-ci décrit un fonctionnement parental dominé jusqu'à présent par elle, mère libérale et permissive, supportant très mal les interventions du père de ses filles, jugé autoritaire et tatillon... Les deux filles semblent avoir pleinement profité du système, obtenant sans problème de leur mère les permissions demandées en passant outre l'avis de leur père. En disqualifiant insidieusement celui-ci, jour après jour, demande après demande, cette mère a effacé peu à peu sa place et semble le regretter maintenant qu'elle en voit les effets pervers.

En famille, comme ailleurs, toute prise de pouvoir est abusive et dangereuse. Les enfants ont largement intérêt à ce que leur père et leur mère s'efforcent de respecter le territoire de l'autre, même si ce n'est pas évident, soient attentifs à leurs désirs et à leurs choix réciproques, ne perdent pas de vue leurs manières d'être respectives et de penser l'éducation de leurs enfants.

---

[1]. Melanie Klein, Joan Riviere, *L'Amour et la haine*, Petite Bibliothèque Payot, p. 89.

Qui fait les choix ?

Demander à un enfant son avis de temps en temps est une chose, le mettre trop souvent en demeure de poser des choix sur tout en est une autre. Les parents, au nom d'une prétendue liberté de l'enfant, font parfois peser sur lui des responsabilités qui ne sont pas de son âge.

> Nathan a 5 ans. Il a une sœur de 10 mois. Ses parents sont inquiets car il s'endort difficilement, se réveille souvent la nuit, et, en classe, la maîtresse se plaint de son agressivité envers les autres enfants. En parlant avec les parents de Nathan, on comprend qu'ils ont peur d'imposer à leur fils des choses qu'il ne comprendrait pas ou qui n'auraient pas son consentement, et, forts de ce scrupule, ils lui demandent son avis sur tout : préfère-t-il aller au cinéma ou au zoo, mettre son pantalon rouge ou sa salopette bleue, aller jouer chez Théo ou déjeuner chez Mamie, partir en colonie ou rester à la maison ? Au fil des séances, Nathan va montrer qu'il souffre d'être responsabilisé à outrance. En le mettant systématiquement devant des choix, ses parents lui signifient en quelque sorte qu'ils sont incapables de savoir ce qui est bien pour lui. Leur demande incessante devient pour lui un signe d'incertitude, de manque de confiance en eux, ce qui génère un climat d'insécurité qui inquiète Nathan et nourrit son anxiété.

Bien sûr, il ne s'agit pas pour autant d'imposer tout et tout le temps. Il est bon d'entendre les préférences de l'enfant et de lui montrer que l'on sait et que l'on admet qu'il ait ses désirs propres qui ne sont pas forcément les nôtres, mais il est aussi structurant pour lui de voir ses parents prendre des décisions avec détermination, parce qu'ils estiment que ce sont des bonnes décisions pour lui, sans systématiquement se rallier à son choix. Dans ce domaine, il est important d'être souple et d'avoir du discernement, mais il faut aussi comprendre que certaines décisions, au final, sont des décisions de parents.

> Basile vient d'avoir 10 ans. Il est en CM1 et se retrouve, comme chaque année depuis le début de l'école primaire, en difficulté scolaire. Au terme du bilan qui est demandé par ses parents sur le conseil de l'école, on propose à ceux-ci de changer Basile de structure scolaire, la prise en charge pédagogique de cet enfant devant être repensée autrement. « On y avait bien pensé, répondent les parents de Basile, mais il n'y a rien à faire, il ne veut pas changer d'école. »

Ce type de décision, même si elle doit bien sûr être discutée avec l'enfant, est une décision d'adulte. Aux parents d'être déterminés dans leur choix et d'en expliquer le sens à l'enfant, qui n'est pas obligé d'y adhérer aussitôt. Mais ils doivent être capables d'entendre ses craintes et ses résistances et pouvoir, en lui faisant exprimer ses peurs, rester sereins et se montrer rassurants.
On peut trouver encore bien des exemples où les parents sont tentés de demander à l'enfant de poser des choix qui, au fond, ne le concernent pas. Nous le verrons plus loin (voir chapitre V), décider de refaire sa vie avec quelqu'un après un divorce ou après le décès d'un conjoint est une décision d'adulte que les enfants ont le droit de commenter, qui peut ne pas leur plaire, qui peut même les troubler, mais qui n'implique pas pour autant qu'on leur demande leur avis sur le fond ni que cet avis soit déterminant dans la décision finale. La culpabilité qui suivra le veto sera bien trop lourde à porter et sûrement aussi douloureuse que la situation subie dans la réalité.

> Irène, jeune femme de 36 ans, en psychothérapie, dont le père est mort quand elle avait 12 ans, évoque avec amertume et regret son intolérance quand sa mère, quatre ans plus tard, lui fit part de son désir éventuel de se remarier : « Je n'avais rien contre Philippe, son ami, mais je ne voulais pas qu'il prenne la place de mon père

et j'ai fait un chantage terrible pour qu'elle renonce à son projet. Malheureusement, ça a marché. » Sans doute la mère d'Irène n'était-elle pas très déterminée ni très sûre de son choix, mais laisser à sa fille de 16 ans l'impression qu'elle pesait de tout son poids sur le cours des événements lui faisait endosser une responsabilité beaucoup trop lourde, dont elle ressent encore la charge bien des années plus tard.

Chacun sa génération

Les parents et les enfants ne sont pas sur la même marche générationnelle. C'est une considération simple mais importante, déjà évoquée, sur laquelle je suis tentée d'insister car bien des parents, si l'on en juge par leurs réactions, semblent, eux, tentés de l'oublier.

> Hélène a 14 ans. Elle est l'aînée de deux frères jumeaux de 8 ans. Sa mère consulte car il règne une ambiance tendue depuis six mois dans la famille. En effet, le père d'Hélène n'adresse plus la parole à sa fille, qui lui a fait l'« affront » de redoubler sa troisième et, depuis, Hélène boude aussi son père. « C'est très pénible, j'ai l'impression d'avoir deux adolescents à la maison », soupire la mère avec une grande lucidité.

Ce type de réaction n'est pas aussi rare qu'on pourrait le croire et plus d'un parent fait la tête, « boude », pour exprimer son mécontentement. Ce parent-là a bien souvent investi son enfant sur un mode narcissique, c'est-à-dire qu'il attend de lui, par ses succès, sa réussite, sa beauté..., un surcroît d'assurance et de gratifications ; il ne supporte pas que son enfant ne lui fasse pas honneur ou, pis, le déçoive. Ce comportement est très infantile et il n'est pas bon puisque, en agissant de la sorte, de façon aussi puérile, le parent se met au même niveau que son enfant. Pour sortir de l'impasse, le père d'Hélène devrait comprendre qu'il n'a pas l'âge

de sa fille et qu'il devrait réagir avec plus de hauteur et de maturité. Ce serait à lui de faire le premier pas pour réamorcer un dialogue nécessaire et certainement espéré par Hélène, c'est lui qui devrait la soutenir dans ce moment difficile pour elle, sans lui faire porter en plus le poids de sa propre blessure narcissique. C'est bien lui l'adulte responsable sur lequel elle devrait pouvoir s'appuyer !
Les mères qui vivent seules avec un enfant adolescent sont aussi souvent tentées, parce qu'il est l'interlocuteur le plus proche ou parce que leur solitude est parfois grande, d'oublier l'écart de génération.

> C'est le cas de la mère de Nathalie, 17 ans, suivie en psychothérapie pour un trouble anxieux.
> « Ma mère me raconte tellement sa vie, me demande tellement de conseils que j'ai l'impression d'être sa mère », confie Nathalie, qui sait tout de ses difficultés de fin de mois, de ses tiraillements au bureau et de ses coups de cœur. « Quand elle sort, elle me demande de l'aider à choisir sa tenue et me fait ses confidences sur son "fiancé" du moment ; ça me gêne horriblement, je le lui ai déjà dit, mais elle ne comprend pas... »

Bien sûr, la mère de Nathalie n'a pas conscience du tort qu'elle peut faire à sa fille en recherchant une telle complicité. En l'invitant à partager son intimité, elle cherche, sans le vouloir, à gommer la distance naturelle qui les sépare et, ce faisant, elle va totalement à l'encontre du processus d'adolescence qui tend à la séparation, à l'autonomie, à la recherche de l'altérité. En plaçant sa fille sur la même « marche » qu'elle, elle ne répond pas non plus à son besoin profond d'avoir à ses côtés une adulte encore capable de la guider dans ce moment d'incertitude qu'est souvent l'adolescence. La mère de Nathalie se met sur un pied d'égalité avec sa fille et se positionne plus comme une amie que comme une mère, mais Nathalie, malgré ses revendications d'adolescente et ses allures de femme, a encore besoin d'un soutien maternel sans faille, et si elle trouve auprès de ses amis, à l'extérieur, tendresse et amitié, elle ne peut guère recevoir d'eux ce qu'elle attend précisément de cette mère qui lui fait défaut.

Protéger ses enfants de ce qui ne les concerne pas n'est pas les surprotéger. C'est sans doute cette nuance qui échappe à quelques parents, qui, lors de conflits violents entre eux, par exemple, se laissent aller au désir malsain de prendre leurs enfants à témoin, comme cette mère qui confie à son fils de 14 ans que son père ne paie pas sa pension alimentaire et s'arrange pour être insolvable, ou ce père qui, ayant obtenu la garde de ses deux filles de 8 et 10 ans, après une longue bataille judiciaire, leur fait lire le rapport d'enquête psychologique et sociale où s'étalent les détails sordides de la vie de leurs parents.

Dans les deux cas, il s'agit de problèmes de « grandes personnes », et les parents n'ont pas à faire comme si tout le monde était à la même place. Les enfants ne peuvent être que troublés par ce genre de confidences qui sèment dans leur esprit une certaine confusion. Car bien marquer l'écart de génération et convenir que certains problèmes ne concernent pas les enfants mais doivent être considérés par les parents exclusivement sont pour eux une aide précieuse puisqu'ils ne se voient pas chargés de poids trop lourds et gardent alors des repères sûrs et très rassurants.

Garder la bonne distance

Les enfants vivent aujourd'hui, je le disais plus haut, très proches de leurs parents, mais aussi, et cela est paradoxal, parfois très seuls. Il faut donc essayer de trouver la bonne distance, être présent et attentif sans tomber dans l'intrusion, qui ne laisse plus la place à l'intimité de chacun.

Les contraintes professionnelles des parents sont parfois féroces et s'accommodent mal avec la vie de leurs enfants. Les choix sont souvent impossibles et il n'y a pas à s'en culpabiliser. Ce qu'il faut avoir en tête, cependant, c'est que les enfants, surtout quand ils sont petits, ont besoin de continuité dans les soins, dans leurs repères. Une mère très occupée par son activité professionnelle doit donc s'efforcer de trouver des relais stables qui assureront une vraie fonction maternelle quand elle n'est pas là. Pas facile, bien sûr, véritable gageure même, parfois, mais cela est essentiel au bien-être de l'enfant, qui se sent alors en sécurité. Déléguer à un grand la charge d'un plus jeune peut être une solution de dépannage mais risque d'être une solution inadaptée pour les deux protagonistes si elle dure trop longtemps.

> Lucas, 10 ans, passe le mois de juillet à Paris, en attendant les vacances de ses parents au mois d'août. Rien n'est organisé pour lui, et son frère de 16 ans est chargé de s'en occuper. S'il se débrouille très bien sur l'intendance, repas et courses, il file avec ses amis dès les repas terminés, et Lucas se retrouve seul devant la télévision en attendant 19 heures et le retour de ses parents.

À cet âge, Lucas aurait encore besoin de la présence rassurante d'un adulte et d'échanges avec lui, ce que son frère, adolescent de 16 ans, accaparé par ses copains, ne peut lui donner, malgré toute sa bonne volonté.

> Mélanie, 16 ans elle aussi, a pris en charge très tôt son jeune frère de 11 ans, Gilles, leur mère ayant des horaires de travail souvent lourds. Très vite elle a assumé les trajets d'école et la surveillance après les heures de classe, ainsi que le bain et le dîner si cela se révélait nécessaire. Gilles a de grosses difficultés à s'adapter à sa classe de sixième, où ses professeurs le jugent agité et immature. L'entretien avec ses parents mettra en évidence que la très grande proximité de Gilles et de Mélanie devient pour lui un frein et ralentit son processus de maturation : il reste le bébé de Mélanie, qui s'en voit comblée.

Là encore, les parents ont un peu sous-estimé les effets d'une délégation des fonctions parentales à un aîné de façon aussi systématique. Leur présence auprès de leurs enfants de façon plus prégnante, ou la présence d'une tierce personne, devrait permettre de mieux équilibrer les rapports entre le frère et la sœur et éviter qu'ils ne s'enferment dans une relation trop fusionnelle.

Parfois, c'est l'inverse qui se produit, et les parents, ou l'un d'entre eux, instaurent avec l'enfant des rapports d'une trop grande proximité. Les enfants ne sont intéressés que par ce qui les concerne personnellement et n'ont pas à tout savoir de la vie de leurs parents. Les confidences sur leur vie privée, sur leurs soucis d'adultes ne sont pas vraiment rassurantes pour des enfants qui se sentent alors bien impuissants à régler les problèmes et s'en culpabilisent. « Peut-être qu'un jour je serai dans la rue », me dit Anaïs (8 ans), le regard plein d'angoisse, qui partage jour après jour les tracas financiers de sa mère qui l'élève seule et qui, sans penser lui faire de mal, l'inquiète profondément en lui confiant ses soucis. Savoir préserver l'intimité de chacun est une règle importante, même si elle n'est pas toujours évidente à appliquer dans le quotidien d'une famille. L'intimité des parents, comme celle des enfants, d'ailleurs, est essentielle. Il faut souvent rappeler à ceux-ci cette notion ; il est aussi important de respecter l'intimité des autres que de faire respecter la sienne : frapper avant d'entrer dans une chambre, ne pas écouter les conversations téléphoniques, apprendre une certaine pudeur et délimiter des moments et des espaces pour être seul paraissent des évidences que certains pourtant semblent négliger, parfois par simple désinvolture, parfois par parti pris. Les adolescents sont particulièrement sensibles à l'idée que l'on respecte leur intimité et seront eux-mêmes respectueux de celle des autres si on leur en a donné l'exemple depuis l'enfance. N'est-ce pas, d'ailleurs, une façon d'apprendre aux enfants à se protéger des abus sexuels auxquels ils pourraient être exposés que de leur inculquer très tôt la pudeur, l'intimité du corps, le respect du corps de l'autre ? Sans tomber dans un puritanisme qui serait malvenu, on remarque que certains parents ont parfois des attitudes équivoques et troublantes pour leurs enfants et malmènent un interdit fondamental sur lequel repose toute éducation, l'interdit de l'inceste ; comme ce père qui laisse ouverte la porte des toilettes, ou cette mère belle et séductrice qui s'exhibe nue devant son fils en pleine puberté. Sans le vouloir, sans le savoir peut-être, certains parents, par débordement de caresses et d'excitations, créent eux aussi un climat incestueux dangereux pour l'équilibre de leurs enfants : cette mère qui endort son fils de 9 ans chaque soir par un massage très sensuel ou ce père qui se réjouit de prendre encore son bain avec sa fille de 10 ans mesurent mal le trop-plein d'excitation qu'ils suscitent chez leurs enfants. Sans tomber dans la pudibonderie et surtout sans se priver, bien sûr, du bonheur de prendre un enfant dans ses bras pour un moment de tendresse, il est bien de ne pas oublier que l'amour et l'affection s'expriment aussi avec des mots.

Trop proche, trop lointain, il n'est pas toujours si simple, donc, de trouver la bonne distance pour que les équilibres soient préservés. Gardons-nous d'être normatifs, mais, à partir de quelques principes fondamentaux et de beaucoup de bon sens, que chacun soit inventif et trouve sa « norme » en fonction aussi de son éducation, de sa culture, de sa personnalité et des besoins qu'il perçoit chez les siens.

III
L'ÉDUCATION : UN PASSAGE OBLIGÉ

L'autorité nécessaire

Les spécialistes de l'enfance, derrière Françoise Dolto, nous ont montré que l'enfant était une personne qu'il convenait de respecter et d'écouter.
Les exigences éducatives qui lui étaient imposées devaient donc être repensées et s'accordaient mal avec l'idée d'une morale autoritaire.
Comme l'a dit le sociologue François de Singly, « on passe du respect de l'autorité au respect mutuel[1] ». L'autorité, depuis, a donc très mauvaise presse, plus personne n'ose employer ce mot, comme s'il était associé à la maltraitance ou à l'abus de pouvoir. Pour le philosophe Alain Finkielkraut, cette confusion remonte aux années 70 où l'autorité était assimilée au despotisme familial. On prononce « autorité » et l'on entend « pouvoir ». Selon lui, cette démission de toute responsabilité trahit notre rêve, à travers l'enfant, du « tout est permis »[2]. Nous voudrions tant avoir tous les droits, aucun devoir et ne jamais être tenus pour responsables, que nous sommes tentés d'accorder ce privilège à nos enfants. Et par là même nous oublions que ce sont nous les grandes person-

---
[1]. Interview dans *Télérama*, octobre 1998.
[2]. Interview dans *L'Événement du jeudi*, 5 décembre 1991.

nes et que nos enfants ont besoin de notre autorité, qui seule peut les soutenir et les guider.

L'autoritarisme

Si l'autorité a si mauvaise presse, c'est qu'elle est confondue bien souvent avec l'autoritarisme. **Beaucoup de parents craignent de tomber dans un autoritarisme désuet, et on les comprend !** Mais autant celui-ci peut être dévastateur et aboutir à des situations de crise extrêmes, autant l'autorité aide l'enfant à grandir. Dans l'autoritarisme, il y a la volonté de faire appliquer brutalement et sans nuances des règles établies et jamais négociables, il y a une idée de lutte de pouvoir, et, comme dans tout combat, il faut un gagnant et un perdant. Bien évidemment, le parent veut en sortir glorieux vainqueur et se met ainsi au même niveau que son enfant, au risque de perdre l'autorité naturelle que lui confère son statut d'adulte. Sous l'autoritarisme, on l'aura compris, se cache souvent une fragilité psychologique qui peut aller du sentiment d'infériorité douloureux cherchant à être combattu à des traits plus franchement pathologiques.

> Fabio, 10 ans et demi, est l'aîné de cinq enfants. Sa mère le trouve très inhibé, ce qui gêne son adaptation en sixième. Il participe peu en cours et ses contacts avec les garçons de son âge semblent difficiles. Il est souvent seul en récréation. En effet, quand je le rencontre, Fabio se montre très réservé, n'osant exprimer le fond de sa pensée, mais confirmant un sentiment d'isolement. Peu à peu mis en confiance, il évoque la crainte que lui inspire un père dont l'autoritarisme exacerbé est plus celui d'un dictateur que d'un père de famille. Chez cet homme pourtant intelligent, la volonté d'avoir raison envers et contre tout, d'être celui qui domine, est érigée en un système si puissant qu'un enfant de cet âge ne peut y faire face. Les sentiments d'humiliation que cela

suscite chez lui envahissent l'ensemble de sa sphère affective et parasitent ses relations avec les autres.

Cet autoritarisme forcené et néfaste n'a rien à voir avec l'autorité qui, elle, se révèle tout à fait structurante. On peut la définir comme l'expression, à certains moments, d'une volonté parentale qui peut s'opposer à celle de l'enfant, lui montrant par là qu'en tant qu'adulte responsable son père ou sa mère garde le contrôle de la situation et tient les rênes, dans le souci de son bien-être. Il y a de la force et de la tranquillité dans cette attitude qui vont rassurer l'enfant malgré l'affrontement probable.
Cette autorité s'exerce au quotidien, on peut la considérer comme un service dont l'enfant sera le premier bénéficiaire. Elle doit être tout en nuances et s'adapter aux différents âges de l'enfant. On n'exige pas d'un enfant de 8 ans ce que l'on attend d'un adolescent, et des règles simples comme les horaires de coucher par exemple ne sont, bien sûr, pas les mêmes à 7 ans ou à 13 ans ! Manifester son autorité, ce n'est pas faire appliquer brutalement une règle, mais exprimer sa volonté tranquille quand il apparaît qu'un contrôle sur l'enfant est nécessaire.

Poser des limites

Poser des limites à l'enfant est l'une des premières fonctions de l'autorité. **Limiter un enfant, ce n'est ni le persécuter ni le nier en tant que personne**. C'est au contraire l'aider à se construire en mettant en place des règles qui, débarrassées de la rigidité d'antan, assurent cependant sa sécurité (ne touche pas à la prise), l'harmonie familiale (va jouer dans ta chambre) et l'intégration sociale (dis merci).
Si l'on ne sait pas toujours comment limiter un enfant, il faut au moins essayer d'être cohérent : quand on pose des principes, il est souhaitable de s'y tenir, il est sain d'éviter le chantage affectif

et utile de savoir mettre un terme aux négociations. Même si cela se révèle fastidieux, même s'il est beaucoup plus simple de baisser les bras et de soupirer « fais comme tu voudras », les limites n'en sont pas moins nécessaires et les parents doivent se faire violence pour ne pas l'oublier, car on remarque qu'un grand nombre d'enfants rencontrés en consultation courent, en effet, après ces limites, parfois ne les rencontrent jamais, en souffrent et présentent, du coup, des symptômes variés : troubles du sommeil, agitation, voire troubles du comportement.

> Mathilde a 5 ans. C'est une jolie petite fille blonde agrippée à sa poupée de chiffon qui épuise ses parents depuis que la famille a déménagé, il y a deux ans et demi. Chaque soir, le scénario est immuable : les parents couchent Mathilde, elle se relève, on la remet au lit, et ce petit jeu qui se prolonge tard dans la soirée se termine par des crises de larmes. Au début, les parents de Mathilde ont considéré comme normaux ces troubles de l'endormissement, persuadés qu'ils étaient dus au changement de maison et qu'ils passeraient avec le temps. Mais le temps a passé sans laisser entrevoir la moindre amélioration. Les relations entre Mathilde et ses parents se dégradent, elle irrite sa mère, déjà épuisée par son travail et ses longs trajets. Et cela retentit sur l'entente du couple, qui se rejette mutuellement la faute. En séance, Mathilde va tenter rapidement d'imposer sa loi, transposant ainsi son comportement à la maison. Elle tentera notamment d'interrompre la séance avant l'heure, et la résistance posée aura pour conséquence un caprice retentissant. Mathilde, quand je la reçois, a la liberté de faire ce qui lui plaît : jouer, dessiner, raconter une histoire, mais elle est limitée sur mon territoire, en l'occurrence mon bureau et ce qu'il y a dessus, qu'elle n'a pas le droit de toucher. Elle fait de multiples tentatives pour passer outre l'interdit, mais je tiens bon. Petit à petit, sur quelques semaines, elle va organiser les séances de façon très rituelle : elle me dit bonjour en me tendant sa poupée, puis se met à jouer avec des animaux à qui elle multiplie les ordres sur un ton très menaçant et, dans la dernière partie du rendez-vous, elle demande que je lui lise un livre. Elle s'installe alors

confortablement et ne bouge plus jusqu'à la fin de l'histoire dont elle se souvient parfaitement d'une séance à l'autre. En quelques semaines, les troubles de l'endormissement se sont estompés pour disparaître en trois mois.

Il est clair que Mathilde avait besoin, entre autres, qu'on lui signifie qu'elle n'avait pas les pleins pouvoirs sur l'adulte, et c'est ce constat qui l'a apaisée.
L'une des fonctions du père est de séparer psychologiquement l'enfant de la mère. Cela a déjà été évoqué précédemment. Le père appelle au-dehors, coupe le cordon. Éduquer provient du latin *educare*, qui signifie « faire sortir », « tirer dehors ». Il doit en outre faire respecter les règles énoncées pour la famille. Quand il répugne à le faire et se soustrait à cette tâche, force est de constater que c'est le plus souvent préjudiciable pour les enfants. Et pour les garçons encore plus que pour les filles.

> Luc, 14 ans, est le dernier d'une famille d'universitaires. C'est sa mère qui s'est chargée de son éducation et de celle de ses trois grandes sœurs, son mari étant trop investi dans ses recherches. Pour les filles, pas de problème, mais Luc joue les coriaces, n'en fait qu'à sa tête et ne travaille pas. Quand sa mère évoque la petite enfance de Luc, il est question depuis son plus jeune âge d'une opposition vive qui n'a jamais été contrôlée. Luc n'obéissait pas, donnait des coups de pied quand on le réprimandait, au point que ses parents évitaient de le contrarier pour « avoir la paix ». La position de son père s'affiche clairement. Si Luc a besoin de lui, il n'a qu'à le dire, sinon, il a « d'autres chats à fouetter ». C'est seulement maintenant que la scolarité de Luc est menacée que l'inquiétude gagne sa famille, mais il y a bien longtemps qu'elle aurait dû s'alerter et surtout ne pas laisser ce garçon prendre ainsi un pouvoir sans limites.

Aider Luc, c'était d'abord faire prendre conscience à son père qu'il avait un rôle à jouer et ne pouvait pas le déléguer. Luc semblait attendre depuis longtemps que s'exprime la volonté de son père. Quand celui-ci a compris les besoins de son fils, il est sorti de son bureau pour aller à sa rencontre, et Luc s'est enfin confronté à sa volonté, ce qu'il attendait depuis longtemps.

Le laxisme

Au fil des générations, les loisirs des enfants évoluent et les parents s'y adaptent. Les enfants des années 60 ne se distrayaient pas comme leurs parents et ceux de l'an 2000 auront eux aussi d'autres habitudes. Le phénomène est culturel. Et la culture est une chose vivante qui heureusement évolue. Mais est-ce pour autant, au nom de cette nécessaire évolution, que le parent n'a plus du tout son mot à dire, qu'il doit lâcher sur tout ce qui, au fond de lui-même, lui paraît être raisonnable, même si les enfants sont très forts pour convaincre les plus fermes ? Comme Cynthia qui réclame à ses parents une boum pour fêter ses 10 ans parce que les goûters « c'est nul » et que tous ses amis font des boums. Danser à 10 ans, pourquoi pas ? Mais pas forcément volets fermés et parents absents, car, autant le savoir, et Cynthia le confirme, « c'est mieux quand les parents ne sont pas là, avec les garçons on se frotte et on s'embrasse avec la langue ». Flirter à 10 ans est un genre de précocité qui n'est pas forcément souhaitable, car les enfants de cet âge ont rarement la maturité intellectuelle et affective pour maîtriser ce type de relation. Ils procèdent plutôt par identification aux adolescents qu'ils voient dans les séries télévisées, imitant leurs comportements, s'appropriant leurs préoccupations, sans que cela corresponde vraiment avec ce qu'ils sont dans la réalité et leurs réels besoins. Alors, qu'on les laisse danser si cela les amuse, mais avec la présence d'un adulte pour tempérer d'éventuels débordements. **À cet âge-là, le regard de l'adulte est contenant, étayant et pas forcément persécutant.**
On peut comprendre, a contrario, que de grands adolescents supportent très mal dans leurs soirées les regards parentaux et que

ceux-ci soient alors ressentis comme intrusifs. Mais ce sont les pulsions pubertaires qui invitent à cet éloignement mutuel. Et cela a un sens.

On peut aussi, en tant que parent, se sentir dépassé par les diktats de la mode. De tout temps, le vêtement a induit un certain regard sur l'enfant à l'école. On a maints exemples, dans la littérature, d'enfants qui ont souffert de leur accoutrement. « Ce qui me frappa à mon arrivée au collège, c'est que j'étais le seul en blouse... Quand j'entrais dans la classe, les élèves ricanaient. On disait "tiens ! il a une blouse"[1]. »

L'uniforme est venu pendant un temps régler ces délicates questions mais, aujourd'hui, l'uniforme étant généralement supprimé et l'enfant étant la cible privilégiée des publicitaires, la mode envahit à nouveau les préaux. Certaines villes, certains quartiers sont peut-être plus frappés que d'autres, mais peu y échappent. Alors comment résister aux pressions de Rose qui veut le caleçon de Marion, les chaussures de Laura et le blouson d'Antoine ? Il ne faut pas sous-estimer l'importance que représentent pour elle de si précieux achats. Très tôt les enfants subissent l'influence de leurs aînés et de l'environnement. Ils sont imprégnés de sons, de musiques, de publicités et d'images de mannequins et de stars auxquels ils rêvent déjà de s'identifier. En adoptant un même *look*, les enfants ont le sentiment de faire partie d'un groupe, et cela les rassure. Michel Fize, sociologue au CNRS, note même : « À partir de la sixième, les jeunes n'ont plus le choix, ils doivent souscrire au code vestimentaire pour ne pas être mis de côté dans la cour de récréation[2]. » Mais, là encore, les limites sont possibles. Il est parfois nécessaire de se montrer ferme et d'interdire à sa fille de porter une jupe microscopique en lui expliquant que ce n'est pas toujours opportun ou que cela peut lui attirer des ennuis, on peut demander à son fils de faire

---

1. Alphonse Daudet, *Le Petit Chose*, Pocket, 1998.
2. Entretien avec l'auteur.

l'effort d'abandonner son cher blouson et de porter une veste pour aller au mariage de sa cousine. Dans ce genre de situation, discussions et débats sont souvent nécessaires mais aboutissent parfois à des négociations intéressantes : on peut par exemple affirmer son goût modéré pour la salopette XXL et négocier la taille en dessous avant de passer à la caisse, résister aux chaussures à talons trop compensés et vraiment affreuses et tomber d'accord sur un modèle un peu moins laid ! Le budget habillement étant limité, on peut aussi imposer un plafond à ne pas dépasser ou proposer à l'enfant de casser sa tirelire pour participer à l'achat des fameuses baskets qu'il faut avoir absolument et qui doivent changer sa vie...

Un grand nombre de parents ont, en fait, du mal à savoir ce qu'ils peuvent autoriser ou non à leurs enfants et où se situent les limites du raisonnable. Et plus leurs enfants grandissent, plus cela leur semble compliqué. Souvent soucieux de ne pas tomber dans la répétition idiote d'interdits qu'ils ont eux-mêmes mal supportée dans leur enfance, ils manquent finalement de repères.

> C'est précisément ce que vient me dire la mère de Manon, 14 ans, débordée par les demandes et le comportement de sa fille qui ne pense qu'à sortir et ne rentre à la maison que pour bâcler ses devoirs et se montrer odieuse avec son petit frère. Depuis un an, elle rentre de plus en plus tard le week-end ou dort chez ses amis, commence à fumer et à boire de la bière. Sa mère se demande si elle ne devrait pas s'opposer à ces excès mais pêche par manque de conviction. Quand ses parents partent en week-end, Manon prétexte un travail monstre pour rester, mais l'état de l'appartement, quand ils rentrent, suffit à prouver qu'elle n'a rien fait. Elle est alors menacée de punitions qui sont rarement appliquées. De ses parents, Manon dit : « Ils n'ont qu'à être plus sévères », mais leur fait des scènes fracassantes quand ils imposent une exigence, jusqu'à ce qu'ils cèdent. Et, pourtant, elle avoue : « Je me rends compte que je fais tout trop tôt. »

L'exemple de Manon illustre le danger de ne pas poser de limites suffisamment claires et fermes. Il est certain que cette adolescente, au tempérament exubérant, a repéré très vite chez ses parents une incertitude. Elle a senti que, face à elle, ils n'étaient plus sûrs de rien, et elle s'est engouffrée dans la brèche. Ses excès leur montrent, à elle et à ses parents, les risques d'un tel laxisme.

Comment structurer un enfant ?

Une des idées forces des écrits du psychanalyste et pédopsychiatre anglais Winnicott est le nécessaire souci d'adéquation de la mère aux besoins de son enfant depuis qu'il est nourrisson. Il appelle cet état d'attention très spécifique aux mères « préoccupation maternelle primaire [1] ». Cela correspond à la toute première étape du développement où l'enfant et sa mère sont dans un état de « dépendance absolue ». Mais, bien sûr, cet état ne dure pas. L'enfant progresse, passe de la « dépendance absolue » à la « dépendance relative », la mère émerge de cet « état naturel de dévotion », et petit à petit l'enfant chemine sur la route de l'indépendance. Cela prend du temps, et les retours en arrière sont fréquents : « Quelquefois nous observons chez des enfants plus âgés un retour à l'état de bébé et nous savons que quelque difficulté a bloqué le chemin du progrès », observe Winnicott [2].

« Quelque difficulté », cela peut être par exemple une angoisse vive suscitée par la naissance d'un frère ou d'une sœur. On observe fréquemment à ce moment-là, chez des enfants de 2 ou 3 ans, le désir ardent de revenir à la « case bébé », mais si les parents acceptent avec tranquillité ces moments de régression, le cours de l'évolution reprendra vite ses droits.

---

1. Donald Winnicott, *Processus de maturation chez l'enfant*, op. cit., p. 46.
2. ID., *ibid.*

> Jean-Baptiste, 3 ans et demi, vient d'avoir une petite sœur. Le retour de la mère et du bébé suscite d'abord chez lui une certaine curiosité, puis du désintérêt. Au bout d'une semaine, alors qu'il buvait depuis plusieurs mois son chocolat dans un bol, il le rejette et exige un biberon qu'il emporte avec lui à l'école. Sa mère, très sereine, respecte sa demande et c'est de lui-même que Jean-Baptiste, quelques semaines plus tard, abandonne le biberon.

C'est souvent entre 3 et 5 ans que les parents doivent faire face à des périodes d'opposition vive. Winnicott précise que les enfants doivent régler eux-mêmes les conflits douloureux entre leur vie imaginaire et les contraintes de la réalité extérieure. Ils doivent apprendre à supporter l'attente, le décalage entre leurs demandes et les réponses de leur entourage, qui est un moment de manque structurant et nécessaire à leur devenir.

Les enfants éprouvent aussi le sentiment que leurs parents devraient les comprendre instinctivement, sans « palabres ». Comme l'écrit Antoine de Saint-Exupéry dans *Le Petit Prince*, ils pensent que « les grandes personnes ne comprennent jamais rien toutes seules, et (que) c'est fatigant pour les enfants de toujours et toujours leur donner des explications ». Ils croient ou espèrent également avoir des droits absolus sur eux et se comportent parfois en despotes, en réalisant peu à peu que leurs parents sont des personnes qui ont elles-mêmes leurs propres droits.

Pour Winnicott, l'enfant a un véritable travail à faire pour comprendre qu'entre son monde intérieur et le monde extérieur il n'y a pas forcément coïncidence parfaite, que l'imaginaire est plus joyeux et la réalité souvent décevante. Et le rôle des parents consiste à le soutenir dans ce travail de « désillusion ». Une grande partie des rages et des crises de colère de la petite enfance tourne autour de cette lutte décisive entre réalité intérieure et réalité extérieure, et il faut reconnaître la « normalité des tiraillements ». S'il n'est pas bon de céder à tous les caprices, il est important d'apprendre à faire la part des choses. Les enfants ont aussi besoin, pour se structurer, de sentir que leurs parents sont à l'écoute de leurs besoins, ce qui leur permet d'avancer tranquillement vers l'autonomie. **Écouter ses enfants, c'est respecter l'infantile en eux, en les considérant comme des personnes capables de développer de plus en plus leurs capacités d'indépendance, mais en ne les voyant pas non plus pour plus grands qu'ils ne le sont**, en tenant compte de leur rêverie et de leur imaginaire, en tentant de s'adapter à leur rythme qui est si différent du nôtre, à leur logique qui peut nous sembler absurde, parfois supporter leur silence (et leurs secrets) quand on voudrait tant qu'ils nous parlent, et accepter qu'ils n'obéissent pas toujours dans l'instant. C'est comprendre simplement que ce ne sont ni des robots ni des grandes personnes.

Beaucoup de mères travaillent et doivent jongler entre leurs impératifs professionnels et les besoins de leurs enfants. Cela leur demande une solide organisation qu'elles sont nombreuses à mettre en place avec une efficacité remarquable. C'est souvent un sentiment de culpabilité qui vient compliquer les choses et faire que, finalement, les besoins de leurs enfants ne sont pas bien pris en charge.

> Jérôme et Alexis, deux frères de 5 et 7 ans, tous deux très agités, s'endorment rarement avant minuit, se traînent épuisés à l'école le matin avec, pour l'aîné, des résultats scolaires en chute libre. La famille habite en banlieue, et tous les matins les parents rejoignent la capitale où ils gèrent un magasin. C'est la grand-mère qui s'occupe des enfants en attendant le retour des parents, rarement avant 20 heures. Et c'est là que les choses se compliquent : persuadée que ses fils sont frustrés et malheureux de son absence prolongée, leur mère essaie de se rattraper en passant un long moment avec eux à jouer. Les garçons s'excitent, l'énervement finit par les gagner, ils chahutent, se disputent, leur mère tente de faire revenir l'ordre mais, dépassée par les cris et les disputes, elle finit elle-même par s'énerver et n'arrive plus à les coucher.

On comprend bien ce qui se passe alors : l'arrivée de leur mère et les jeux qui s'ensuivent provoquent une excitation beaucoup trop forte chez ces garçons en pleine période œdipienne. L'irruption maternelle réveille chez eux des émotions violentes où passion, rivalité et agressivité se côtoient. Il est alors facile de comprendre qu'ils tardent à trouver l'état d'apaisement pouvant les conduire au sommeil.

Dans cette situation, il a été utile de faire réfléchir cette mère sur sa culpabilité et de l'aider à repenser sa façon de voir les choses. Après plusieurs entretiens, elle s'est sentie libre de reconsidérer son organisation, abandonnant l'idée de voir ses enfants le soir et trouvant du temps le matin et le mercredi pour s'en occuper plus calmement.

Les rythmes

Chaque enfant a un rythme propre. Certains sont des rapides, plutôt efficaces, les pieds sur terre. D'autres sont plus lents, jamais là où on les attend, rarement prêts au bon moment. Bien des conflits familiaux tournent autour du rythme des enfants.

> Romain, 10 ans, est entouré de deux sœurs. Son début en CM2 inquiète sa mère qui soupire. « La maîtresse le trouve toujours dans la lune et si vous saviez comme il est lent : à la maison, il fait en une heure un exercice qui devrait prendre dix minutes ! » Elle souligne qu'à côté de lui ses filles font des prouesses. Le bilan effectué pour dépister un éventuel problème d'apprentissage montre que Romain a des facultés intellectuelles largement au-dessus de la moyenne des enfants de son âge et que donc rien ne le freine de ce côté-là ; ses dessins mettent en évidence une vie imaginaire riche. Mais, quand on lui demande d'inventer une histoire à partir d'une image, ses personnages sont toujours contraints par les adultes, ils n'ont le temps de rien faire et surtout pas le

temps de jouer. Dans la réalité, Romain fait partie de ces enfants perpétuellement bousculés, avec un emploi du temps bien chargé, courant le mercredi d'une activité à une autre, du cours de solfège au cours de judo, sans oublier les devoirs du soir...

Ce frein que met Romain à toutes ses activités, ce ralentissement dans ses études, traduisent une protestation muette. Quand ses parents ont compris que leur fils avait besoin de temps pour jouer, de temps pour rêver et parfois même de temps pour ne rien faire, Romain a pu trouver en lui les ressources pour s'adapter au rythme de sa classe.

Le jeu

Le jeu a une vraie fonction structurante chez les enfants qui le pratiquent bien sûr par plaisir, mais qui ne jouent pas que par plaisir. Dans leurs jeux, les enfants mettent en scène des scénarios imaginaires où s'exprime librement l'agressivité qu'ils ont tendance à réprimer car elle représente pour eux un danger : celui de perdre l'amour de leur entourage. Alors c'est la poupée de Chloé qui reçoit les fessées qu'elle donnerait volontiers à sa sœur, à sa mère, à son frère ou à n'importe quelle personne de son entourage ; c'est le fusil de Jérémie qui tue son père, son frère ou un copain de classe.
Dans leurs jeux, ils ne font pas que se venger du monde, ils expriment aussi leurs pulsions sexuelles. Quel est l'enfant qui ne joue pas au papa et à la maman ou bien au docteur ? Leur curiosité pour la sexualité s'y exprime librement, sans crainte du jugement de l'adulte. Winnicott pense que les enfants jouent aussi par angoisse, et que c'est dans cette mesure qu'il est parfois si difficile d'interrompre un enfant au beau milieu d'un jeu. Il est vrai que chez des enfants gravement perturbés, les enfants autistes par exemple, on repère des jeux répétitifs, compulsifs, qui, s'ils sont

interrompus, sont l'occasion d'une formidable décharge d'angoisse.

J'ai pour ma part souvent observé des petits garçons très craintifs assumer dans leurs jeux de rôles des personnages tout-puissants ou violents, leur angoisse de ne pas être à la hauteur de toute cette puissance étant manifestement sous-jacente.

Le jeu est aussi un moyen pour l'enfant d'apprendre à communiquer avec ses congénères. C'est par les rôles que chacun s'attribue dans leurs jeux qu'ils apprennent à se connaître, que se nouent les sympathies et les inimitiés, que se créent les alliances. Certains enfants sont plus doués que d'autres pour cela, mais, chez tous, cela développe la créativité et la connaissance du monde extérieur.

Dans les psychothérapies d'enfants, le jeu est un formidable moyen pour les thérapeutes d'entrer en contact avec ce monde intérieur de l'enfant qu'il a tant de mal à livrer, qui est source de tant de malentendus avec les adultes. L'enfant le sait ou le comprend très vite et il attend que nous donnions le juste sens à ce qu'il met en scène devant nous.

> Jérémie, 6 ans, est décrit par ses parents comme maladivement jaloux de son grand frère de 8 ans, voulant tout faire comme lui. Ses parents ont décidé de consulter quand Jérémie s'est mis à perdre ses cheveux. Au cours des séances, ses jeux tournent toujours autour des mêmes personnages et surtout d'un crocodile jouant les Terminator. Suggérer à Jérémie que ce crocodile pouvait être aussi son frère, assailli lui-même par une haine intense à son égard, a soulagé cet enfant qui pouvait mettre en mots l'angoisse que cela suscitait chez lui.

Le jeu ne s'arrête pas avec l'enfance, il continue à l'adolescence. À cet âge, il s'exprime dans des capacités de rêveries : l'adolescent ne joue plus avec ses petites voitures mais avec ses propres fantasmes. Jouer, c'est faire « comme si » et expérimenter des possibilités nouvelles « comme si c'était pour de vrai », se présenter aux autres en endossant des personnages selon l'humeur du moment. Jouer avec ses fantasmes suppose une grande liberté psychique ; quand cela se révèle difficile ou impossible, quand l'adolescent ne peut utiliser sa pensée sous forme de jeu, c'est une mise en acte qui se fait : la fille ne mange plus et devient anorexique, le garçon peut adopter des comportements à risque, parmi lesquels on trouve les vols, les fugues, la consommation d'alcool ou de drogue.

Le psychodrame individuel, autre forme de prise en charge psychothérapeutique, peut, par le jeu, aider ces adolescents, aux prises avec un conflit mais qui n'ont pas grand-chose à en dire, à se représenter ce qui n'est pas représentable : en mettant en scène un thème choisi par le patient et joué avec lui par les thérapeutes, il va pouvoir « visualiser » le conflit, prendre une certaine distance et comprendre mieux ce qui s'y joue, la place qu'il y occupe et celle de son entourage, ses parents notamment.

Faut-il s'inquiéter aujourd'hui de la place énorme qu'occupent dans l'univers de l'enfant et de l'adolescent les jeux vidéo ? Pour l'avoir observé « en direct » avec mes fils quand ils étaient plus jeunes, le jeu vidéo peut vite devenir très obsédant : devant sa console, l'enfant semble ne pas voir passer le temps, il est rivé à sa machine, indifférent à ce qui se passe autour de lui. L'interrompre peut déclencher une vraie crise, et à la fin du jeu, qu'il soit perdant ou victorieux, il a du mal à « atterrir ». Je pense que beaucoup de parents font ce simple constat : si le jeu vidéo passionne l'enfant (le garçon surtout), aiguise sans doute ses réflexes, sa vivacité et sa mémoire visuelle, il ne paraît pas lui apporter la détente que peuvent lui apporter d'autres jeux, jeux de rôles ou de société, et dans l'ensemble il l'isole des autres. S'il est difficile de poser un interdit absolu sur ces jeux – qui ont une place si valorisée et valorisante aux yeux de tous – sans risque de marginaliser l'enfant, tout au moins peut-on là encore poser des limites, instaurer des règles et s'y tenir fermement. Certains de ces jeux sont accusés d'être très violents : il semble bien, en effet, pour en avoir discuté avec plusieurs enfants, que certains jeux véhiculent des messages très agressifs et des images inquiétantes, comme celui qui consiste à ce qu'un automobiliste écrase tous les piétons sur son passage, avec hémoglobine et corps disloqués à l'appui. Ces images et la violence qu'elles contiennent ne sont pas bonnes pour les enfants. Elles les fascinent, provoquent une sorte de sidération de la pensée qui est parasitée, leur jugement de valeur sont ébranlés. Les parents doivent donc être tout à fait vigilants et, là encore, limiter ou interdire ce qu'ils estiment dangereux pour leur enfant, et ce en toute sérénité !

Les sanctions

Quand le comportement de l'enfant n'est plus tolérable, la nécessité d'une sanction s'impose. Les parents, et on les comprend, s'interrogent souvent sur l'efficacité ou la pertinence des sanctions. Elles sont pourtant absolument nécessaires : quand il a transgressé un interdit, un enfant le sait. Il se sent donc coupable, et la sanction vient soulager cette culpabilité et l'aider à se construire. Si la sanction ne tombe pas, l'enfant sera tenté d'aller chercher le mur par des bêtises de plus en plus grosses. Il faut donc se résoudre à punir en veillant à ce que la sanction apparaisse bien à l'enfant comme une conséquence directe de ce qu'il a fait et en cherchant la plus juste mesure : il est en effet nécessaire d'apprendre à évaluer ce qui est important et ce qui l'est moins ; une chose est de rapporter une mauvaise note de l'école, une autre est de voler un CD dans un magasin... Aux parents d'être inventifs et de trouver la punition qui peut être adaptée à la bêtise de l'enfant, **en sachant que, pour qu'elle ait un effet structurant, elle doit être expliquée et permettre à l'enfant de réfléchir sur ce qui s'est passé.**

À l'adolescence, la sanction doit être l'ultime recours car, comme tout interdit péremptoire, elle est souvent inopportune, en tout cas rarement donnée de façon efficace. C'est une réalité parfois douloureuse à admettre, toujours ingrate. **Énoncer l'interdit, verbaliser la règle et parfois punir reste pourtant nécessaire.** Cela rassure l'adolescent qui, même s'il ne le sait pas, s'attend à cette prise de position. Il faut comprendre le besoin impérieux des adolescents de faire leurs expériences et entendre ce besoin comme une démarche d'autonomie nécessaire. **L'adulte ne doit pas s'effacer pour autant.** Pour le psychanalyste Raymond Cahn, « L'adulte n'a pas à dissimuler son point de vue, ses accords ou ses désaccords... il lui faut s'interdire, sauf exception, toute intrusion mais demeurer présence à affronter ou à récuser, ou si nécessaire, recours[1] ». On l'aura compris, à l'adolescence plus que jamais, l'adulte doit rester une référence solide sur laquelle l'adolescent pourra s'ajuster, en prenant garde de ne tomber ni dans un autoritarisme inadéquat, ni dans une complicité perverse. C'est un moment où la discussion et la négociation ont largement leur place, où il est nécessaire de faire le tri entre ce qui est tolérable et ce qui est inadmissible, mais où il convient de réagir et de sanctionner lorsque la transgression est flagrante.

Méfions-nous aussi de ne pas transformer la famille en tribunal, et les frères et sœurs en jurés teigneux, écrasant le malheureux coupable sous le poids de sa honte.

> À 9 ans, Adrien manifeste une vive nervosité et des tics sont apparus récemment. Sa mère explique qu'il a pris deux gros billets dans son porte-monnaie pour s'acheter un jeu électronique. Ce méfait a été sanctionné : suppression de l'argent de poche, d'une sortie prévue, mais il a surtout été commenté par toute la famille, son frère et sa sœur participant largement au débat. En cours d'entretien, Adrien insistera sur le poids écrasant de ce chorus familial.

---

1. *Devenir adulte*, sous la direction d'Anne-Marie Alléon, Odile Morvan, Serge Lebocivi, PUF, coll. « Le Fil rouge », 1990.

Il vaut bien mieux laisser les frères et sœurs à leur juste place et ne pas les encourager à porter des jugements sur leurs comportements réciproques. Il est préférable, au contraire, d'insister sur le fait que cela ne les concerne pas et qu'ils n'ont pas, pour cela, voix au chapitre, surtout les aînés qui sont souvent tentés de se transformer en « parents *bis* » (voir chapitre VI).

Les punitions corporelles

Que penser des punitions corporelles ? La fessée comme la gifle sont le plus souvent signe de l'exaspération du parent qui sort de ses gonds et décharge son énervement. L'enfant tire parfois une certaine jouissance à mettre son père ou sa mère « dans tous ses états », et, en cela, la valeur éducative de ces punitions s'avère très douteuse. Elles ont le mérite toutefois d'être données « à chaud », le lien entre la bêtise et la sanction devenant alors évident. Pour un jeune enfant, cela a son importance, car plus l'enfant est jeune, plus la sanction, pour avoir un sens, doit être proche de la bêtise. L'enfant jeune vit en effet dans l'instant et ne fera pas le lien entre la sanction et la bêtise si entre les deux s'est écoulé trop de temps. La mère qui attend le retour du père le soir pour sanctionner l'enfant, surtout lorsqu'il est petit, avant 7 ou 8 ans, mesure mal les capacités d'oubli de son jeune cerveau.
Mais il ne faut pas confondre autorité et châtiments corporels. Lever la main sur un enfant est toujours le signe d'un manque de maîtrise de soi et d'un défaut de communication avec l'enfant. S'il arrive qu'on se sente dépassé par un enfant infernal, ce recours doit rester exceptionnel et ne doit en aucun cas donner lieu à une quelconque mise en scène qui, elle, est toujours humiliante et ne sert qu'à éveiller la colère et le désir de vengeance de l'enfant. À l'adolescence, il est évident que la punition corporelle n'a plus du tout sa place, et que la paire de claques donnée à un garçon de 15 ans qui vous dépasse d'une tête semble dérisoire. Quand

elle survient, elle signe là encore le plus souvent l'exaspération ou l'émotion devant un effronté qui vous laisse sans voix ! Il sera très utile quand chacun aura retrouvé son calme d'en reparler plus paisiblement...

La moquerie et l'ironie

À l'époque de la comtesse de Ségur, les parents, en toute bonne foi, mettaient des bonnets d'âne à leurs enfants, les fouettaient ou les obligeaient à porter des pancartes humiliantes, signe de leur forfait. L'idée d'humilier l'enfant semblait alors le moteur de la sanction. Aujourd'hui, on sait qu'il faut absolument éviter cet écueil quand on punit un enfant, car l'humiliation n'est que souffrance et certainement pas éducation.
Mais qu'en est-il de la moquerie qui est monnaie courante dans les familles, dans les fratries, et de l'ironie que certains parents manient avec tant d'aisance ?
Il me semble qu'il faut se méfier de la moquerie faussement « gentille » et que l'ironie est toujours mal comprise par l'enfant. Elle est souvent chez lui source de malentendus et entraîne une certaine confusion. Les pères, si j'en juge par ce que rapportent les enfants en consultation, semblent manier avec bonheur l'ironie avec leurs enfants. Qu'ils sachent qu'elle n'est pas toujours bien reçue et que le message sous-jacent est parfois trop subtil.

> Aurélien, 11 ans, craignant de montrer son mauvais bulletin à son père, part au petit matin, le nez au vent, sans laisser de message. Heureusement récupéré plusieurs heures plus tard par la police, il retrouve son père au commissariat. Celui-ci, à la fois mort d'angoisse et furieux d'en être passé par là, ne sachant sans doute pas très bien quelle conduite adopter, s'en sort par cette pirouette ironique : « La prochaine fois, n'oublie pas d'emporter ton pique-nique. » Aurélien, avec qui je m'entretiens quelques jours plus tard, et qui, dans sa fugue, exprimait une détresse évidente, me dit

n'avoir pas compris la réaction paternelle : « Je ne m'attendais pas à ça. »

Le père d'Aurélien aurait mieux fait de lui dire sans détour sa peur ou sa colère, cela aurait peut-être été plus violent mais sûrement plus clair pour le jeune garçon.
La moquerie est aussi, et à juste titre, fort mal reçue par l'enfant. Sous prétexte d'éducation, on se moque de sa maladresse ou de sa lenteur, on le houspille parce qu'il mange trop, on le rabroue quand il émet un avis en souriant avec condescendance. Dans tous les cas, ce que l'enfant ressent c'est qu'il n'est pas conforme au désir de ses parents. Ces paroles moqueuses qui sont en réalité blessantes ont sur l'enfant l'effet d'un conditionnement négatif qui lui renvoie une mauvaise image de lui-même. Répétés, ces sarcasmes finissent par faire leur œuvre : l'enfant perd confiance en lui et n'a plus du tout conscience de sa propre valeur.

Le mensonge

Dans la décision de sanctionner, l'âge de l'enfant ne doit jamais être perdu de vue. Le mensonge, par exemple, n'a pas le même sens pour un enfant de 5 ou 6 ans que pour celui qui a déjà 9 ou 10 ans. Pour le jeune enfant, le mensonge en tant que tromperie n'existe pas tant il a du mal à se dégager de sa propre perception. Pour lui, envahi par une pensée très égocentrique, ce qu'il énonce doit pouvoir être vrai. Il énonce « sa vérité », en d'autres termes, il affabule.

> Olivier, 5 ans, fils unique, parle longuement à son institutrice de sa petite sœur. Ce n'est pas lui mais son cousin qui vient d'avoir une sœur, mais, pour lui, sa vérité l'emporte sur la réalité. Sans traiter l'enfant de menteur, ce qui n'aurait aucun sens pour lui, il faut tranquillement lui rappeler la réalité. La plupart de ces men-

songes ne méritent qu'une remarque ou un sourire, pour prouver qu'on n'est pas dupe.

Ce n'est que vers l'âge de raison que l'enfant est capable de mentir véritablement avec l'intention délibérée de tromper. Il faut alors s'interroger sur le sens du mensonge avant de sanctionner ou au moins signifier qu'on a aussi compris le message sous-jacent. Le stress scolaire induit bien des mensonges. C'est la peur d'être grondé, qui est trop forte chez l'écolier qui ne dit pas ses notes (le fameux mensonge par omission) ou ne montre pas la punition à signer. C'est aussi celle de déplaire à ses parents et de perdre leur amour.
L'envie de se faire valoir peut, bien sûr, être à l'origine de nombreux mensonges.

> Victor, 11 ans, décrit avec enthousiasme à ses camarades sa journée au Futuroscope, alors qu'il n'y a jamais mis les pieds. Ambre, 9 ans, raconte en détail un film qu'elle n'a pas vu. C'est un sentiment d'infériorité qui angoisse ces enfants. Ils croient que leurs mensonges vont les remettre à la hauteur de leurs camarades qu'ils surestiment souvent, et, plutôt que de les punir, il vaut mieux les rassurer sur ce qu'ils sont.

À l'adolescence, le mensonge est fréquent. L'adolescent ment pour protéger son territoire, son intimité. Son mensonge n'est d'ailleurs pas souvent utile, ni indispensable dans la réalité, il est parfois très futile, mais il rassure l'adolescent, qui renforce ainsi son espace personnel et lutte contre un sentiment d'intrusion qui lui est insupportable.

Le vol

Peut-être plus que tout, le vol inquiète les parents et les laisse bien perplexes. Là encore, il est utile de pratiquer l'art des nuances et du discernement. Si un vol n'est jamais anodin, la dérive du petit voleur vers la délinquance est rare. Et il y a une différence entre l'enfant qui se sert une fois dans le porte-monnaie de sa mère et celui qui vole de façon plus compulsive.

Chez Adrien, qui a volé de l'argent pour s'acheter un jeu électronique, on retrouve l'impatience de l'enfant qui veut tout et tout de suite, et l'envie d'épater ses camarades. Mais c'est un vol, et, sans dramatiser, on doit lui rappeler clairement que la vie, comme les jeux de société, comporte des règles et qu'il convient de les respecter. Donner de l'argent de poche à un enfant et le laisser libre d'en disposer à sa guise est une façon souvent efficace de venir à bout de ses tendances à la fauche. Mais les règles, là encore, doivent être énoncées clairement. La somme doit être évaluée de façon raisonnable en fonction du budget des parents et de l'âge des enfants. Quand aucune contrainte financière ne pèse sur la famille, il peut être utile de faire sa petite enquête pour voir ce que les mères alentour accordent à leur progéniture et se raccorder à un juste milieu pour que l'enfant ne se sente ni brimé ni exagérément gâté. Mais, quel que soit le montant du pécule, il est souhaitable de leur laisser en disposer à leur guise, pour s'acheter ce qui leur plaît, et ne pas faire de réserve en fonction de la conduite ou des mauvaises notes. C'est ainsi qu'on peut leur inculquer le sens de l'argent et les aider à concevoir la notion de budget, de gestion et d'autonomie. Et on laissera chanter les cigales qui auront dépensé sans compter...

Quand le vol se répète et devient compulsif, il est toujours le signe d'une détresse. « Le voleur ne cherche pas l'objet qu'il prend. Il cherche une personne. Il cherche sa mère, seulement il ne le sait pas », précise Winnicott [1]. Cela ne veut pas dire que la mère n'est pas là dans la réalité ou qu'elle est une mauvaise mère, mais seulement que, pour lui, dans sa réalité d'enfant, elle lui fait défaut. Il cherche à la retrouver comme « avant », c'est-à-dire

---

[1]. Donald Winnicott, *Processus de maturation chez l'enfant*, op. cit., p. 160.

quand, bébé, il l'avait toute à lui. En volant, il lutte contre la réalité telle qu'il doit l'affronter maintenant, et c'est pourquoi il faut l'aider. Une aide psychothérapique est souvent nécessaire car la souffrance de l'enfant, et de ses parents, est grande.

> Célia a 13 ans. Entre 2 et 5 ans, des problèmes osseux l'ont conduite à plusieurs reprises à l'hôpital avec la présence attentive et chaleureuse de sa mère, à l'époque femme au foyer. Aujourd'hui, Célia a un petit frère de 7 ans qu'elle supporte mal. À l'entrée au collège, Célia s'est mise à voler de l'argent à son entourage. C'est ainsi qu'elle exprime de façon très agressive sa difficulté à grandir, à se détacher de sa mère sur qui, comme un tout petit enfant, elle voudrait avoir tous les droits.

Dans ces conditions, il est sûr qu'une sanction ne règle pas grand-chose et qu'il vaut mieux tenter de chercher les causes du symptôme avec l'aide d'un professionnel. Les parents peuvent aussi réfléchir avec l'enfant à une idée de réparation, gagner de l'argent en faisant telle ou telle tâche pour rembourser la somme volée, par exemple.

Mais ce qu'il est surtout important d'éviter, c'est d'enfermer le « chapardeur » dans un rôle de coupable, de lui coller une étiquette de voleur, d'entretenir autour de lui un climat de suspicion ou de contrôle permanent. Il faut savoir tourner la page. Pardonner vraiment à l'enfant sera pour lui beaucoup plus riche d'enseignements que bien des beaux discours.

IV
L'ENFANT, SES PARENTS ET LA VIE SCOLAIRE

La vie scolaire met les enfants en danger ! Danger d'oublier qu'ils ne sont que des enfants. En effet, le terrain scolaire semble être pour cela privilégié, le support idéal des projections des parents et le lit de leurs angoisses quant à la réussite de leur progéniture. L'enfant, sans qu'il le sache, se trouve tout d'un coup catapulté sur un terrain de compétition qui n'est pas le sien mais celui de ses parents, pressés de lui voir brûler les étapes et désireux de le voir partout performant. Certains résistent, mais un grand nombre en souffrent, le nombre croissant de demandes de consultations qui tournent autour de la question scolaire nous le montre chaque jour !

L'entrée à l'école

S'il y a donc bien un lieu où tous, parents et enseignants, adultes responsables, nous prenons trop souvent nos enfants pour des grandes personnes, c'est à l'école.
L'entrée à l'école est un bouleversement pour l'enfant et bien souvent pour ses parents. Pour sa mère, il est probable que le premier jour d'école est ressenti comme une perte, un renoncement : elle l'« abandonne » en un lieu où elle ne pourra jamais régner et où les lois seront énoncées par d'autres, le plus souvent par une autre.

L'enfant, lui, quitte le cocon familial et s'en va, seul, affronter un univers qu'il ne connaît pas. Il va être « un » parmi les autres du même âge, et va devoir peu à peu apprendre dans cette communauté d'enfants qu'est la maternelle les rudes lois du groupe. Pour certains, cela se passe sans encombre, ils s'adaptent et tirent vite parti de cette nouvelle vie. Ils profitent pleinement de ce lieu nouveau qui élargit considérablement leur connaissance du monde extérieur et d'eux-mêmes, leur montrant leurs forces et leurs limites. Pour d'autres, l'adaptation est plus douloureuse, assaillis qu'ils sont par leurs peurs qui prennent le pas sur leur curiosité.

> Clémentine, 4 ans, la petite dernière d'une famille de cinq enfants, pleure systématiquement le matin pour aller à l'école. Très timide, elle joue peu avec les autres. Sa mère ne travaillant pas l'a toujours gardée chez elle et la considère comme une enfant très facile. Cette extrême « facilité » a sans doute induit sa mère en erreur et elle a surestimé les capacités d'adaptation de Clémentine hors de chez elle. L'entrée à l'école aurait mérité pour cette enfant d'être mieux préparée.

Ce qui va rassurer un enfant, c'est de lui donner des repères : lui montrer où se trouve l'école, faire le trajet en repérant les endroits sympathiques, la boulangerie, par exemple ; lui décrire une journée d'école avec les différentes activités qu'il ne peut pas avoir à la maison, sans l'idéaliser toutefois, car, déçu, il risquerait de vous en vouloir ; évoquer les autres enfants en étant, là encore, mesuré : certains lui plairont, d'autres ne lui plairont pas, mais il suffit d'un seul pour bien s'amuser ! Enfin l'enfant a besoin de savoir aussi ce que vous allez faire, vous, quand il est en classe. S'il est capable depuis déjà quelque temps de se représenter sa mère absente, dans l'émotion des premiers jours d'école, il a besoin qu'on favorise encore cette représentation : bien lui décrire votre propre journée avec quelques repères clairs qu'il connaît l'aidera à vous imaginer et le rassurera. Passés les premiers désarrois, on peut dire qu'à la fin de la maternelle l'adaptation à cette société qu'est l'école est faite.

Cette période est souvent un moment de grand épanouissement de l'enfant qui est curieux de tout, se sociabilise chaque jour davantage et entretient avec ses parents, malgré la coïncidence de la période œdipienne, des relations qui peuvent être très harmonieuses et comblantes pour tous. Les parents ont alors peu d'inquiétude. La maternelle n'est pas obligatoire, les visées pédagogiques restent très souples et c'est encore l'air de la liberté que l'on y respire. Cependant, ces dernières années, la réforme des cycles a donné à l'enseignement préscolaire une place très importante en dernière année de maternelle, qui a tendance à prendre le pas sur l'idée d'un épanouissement plus global de l'enfant, ce que l'on peut regretter !

L'école primaire

L'entrée à l'école primaire, dite « grande école », ce qui est lourd de sens, va venir bousculer ce bel équilibre. Dès le CP, en effet, l'idée de « réussir », de « suivre », d'« être au niveau » va venir gâcher la vie de quelques-uns, parents et enfants. Les règles du jeu ont changé ; ce n'est plus du jeu, justement. Le nouvel écolier va devoir assimiler un certain nombre de règles jusque-là inconnues, qui en désorientent plus d'un. À la maternelle, les activités sont proposées aux enfants, qui sont libres d'y participer ou de s'occuper à autre chose. S'ils y participent, ils le font à leur rythme, plus ou moins rapidement, en fonction de leur envie et de leurs possibilités. Les activités dites de « préapprentissage », même si parfois elles occupent plus la scène, sont de courte durée et se font sur un mode ludique, le plus souvent en groupe, les enfants n'étant donc pas mis individuellement en demeure de les réussir.
En CP, les activités ne sont plus proposées, elles sont imposées ; elles sont exécutées le plus souvent de façon individuelle et leur temps d'exécution est limité : il est le même pour tous. L'idée de discipline apparaît, avec son cortège de prescriptions et d'interdic-

tions, tandis qu'intervient très vite la notion d'évaluation, qui, même si elle ne se traduit pas tout de suite en notes, est rapidement omniprésente ; les enfants sont souvent les premiers à repérer les bons, ceux qui sont à la traîne, et à créer entre eux une hiérarchie. Il s'établit rapidement des rapports de force et de rivalité et ceux qui échouent sont cruellement dévalorisés, perdent confiance en eux et s'enfoncent encore un peu plus dans leurs difficultés.

Pour les parents, ces évaluations, comme les commentaires de l'enseignant qui a la charge de leur enfant, sur son intégration, son comportement, ses performances, sont un regard extérieur inquiétant qui va parfois remettre en question pour la première fois la manière dont ils ont abordé son éducation et porter la première ombre au portrait idyllique qu'ils s'en étaient brossé. L'épreuve est rude pour tous...

Quand il s'agit d'un premier enfant, les réactions sont encore plus vives, car tout le passé d'écolier du parent revient sur scène, avec son cortège de souvenirs douloureux, d'angoisse, parfois même d'humiliations. L'idée de revivre cela par enfant interposé peut mettre mal à l'aise et susciter des réactions abruptes. Certains parents ne peuvent s'empêcher de dévaloriser à leur tour leur enfant, hypothéquant encore plus ses chances de réussite.

Parfois, au contraire, le parent a tout à fait idéalisé sa vie scolaire et les difficultés de son enfant lui paraissent difficilement compréhensibles.

Dans l'un et l'autre cas, le parent se transforme en « parent d'élève » et a tendance à ne plus regarder son enfant que comme un « élève », justement, ce que le malheureux a du mal à comprendre. Les risques d'incompréhension mutuelle sont alors très grands.

Le travail à faire à la maison peut être rapidement source de conflit car il demande du temps et de la patience, ce qui, le soir, après une journée de travail, n'a aucune raison d'être évident. La psychanalyste d'enfants Colette Chiland dit à juste titre qu'« il y a une grande inégalité car tous les parents, même avec un bon niveau culturel, ne sont pas capables d'aider leurs enfants. Les parents sont le plus mal placés pour supporter la nature ordinaire de l'apprentissage et, à plus forte raison, les difficultés d'apprentissage [1] ».

Cela se vérifie au quotidien auprès des parents en consultation psychologique. « Je dois reconnaître que je m'énerve assez vite », avoue telle maman, quand une autre évoque ses « crises » ou que cette autre, plaidant coupable, admet « être capable de lui dire des horreurs qu'elle regrette aussitôt ».

Cette crispation très grande est due surtout au fait que le parent traduit inconsciemment l'étourderie ou l'erreur de l'enfant comme un manquement grave, un « manque d'amour » d'autant plus insupportable qu'il aura investi son enfant sur un mode narcissique, c'est-à-dire avec des attentes de gratifications très fortes, comme s'il attendait de son enfant un renforcement de l'image qu'il a de lui-même. Les difficultés scolaires d'un enfant mettent ses parents en face de ses limites et font vaciller beaucoup de rêves échafaudés sur sa réussite et son avenir de façon plus générale ; en cela, elles sont un douloureux ajustement à la réalité...

Cerner les difficultés

Devant les premiers achoppements, la sagesse est de ne pas céder à la panique mais de ne pas adopter non plus la politique de l'autruche. Il convient d'abord de cerner au plus vite les causes du problème, et elles peuvent être nombreuses.

Avant d'envisager les premières investigations, on peut se poser des questions de simple bon sens et se demander si l'on donne bien à l'enfant tous les moyens nécessaires à sa réussite scolaire : un enfant mal nourri au petit déjeuner risque de trouver la matinée très longue et de voir faiblir au fil des heures son attention et donc ses performances. La durée du sommeil a aussi une influence sur la vigilance et par conséquent sur les résultats scolaires. À effort égal, plus les

---

[1]. Colette Chiland, *Mon enfant n'est pas fou*, Bayard Éditions-Centurion, 1989.

nuits sont longues, meilleure est l'acquisition des connaissances. En ce qui concerne le travail à la maison, on estime que c'est en rentrant de l'école, après un rapide goûter, que l'enfant sera le plus productif car il est encore concentré. Certains parents croient bien faire en laissant leur enfant décompresser devant la télévision, mais cette coupure peut rendre encore plus difficile le retour au travail, un peu comme le cycliste qui, s'arrêtant au beau milieu d'une côte pour souffler, n'arriverait plus à reprendre son élan.

L'endroit où l'enfant travaille a également son importance. Pour se concentrer, mieux vaut qu'il soit au calme que sollicité par un petit frère qui a envie de jouer ou par un autre qui regarde la télévision. S'il a la chance de travailler dans sa chambre, l'aider à mettre un peu d'ordre avant de commencer peut favoriser les idées claires et éviter, là encore, la dispersion.

Mais, malgré un contexte favorable, un enfant peut avoir du mal à se mettre au travail et à y prendre du plaisir. C'est alors le moment de se poser un certain nombre de questions. Devant sa lenteur ou son étourderie, il convient d'abord de vérifier l'absence de trouble sensoriel : une mauvaise vue, un trouble de l'audition peuvent exister à bas bruit sans qu'on les repère mais n'en demeurent pas moins des gênes considérables, les informations reçues à l'école passant par leur circuit.

> Les parents de Louise, 6 ans et demi, consultent au milieu de son CP pour une adaptation scolaire difficile. Elle est « dans la lune », le regard absent, souvent triste, et les apprentissages se font lentement. Ils s'inquiètent. Interrogés sur le passé médical de Louise, ils évoquent des otites à répétition dès l'entrée à la crèche. Un audiogramme est donc prescrit parallèlement au bilan psychologique. Il mettra en évidence une perte d'audition suffisamment importante pour expliquer les difficultés scolaires de leur fille.

Les causes physiologiques étant évacuées, il est utile de se demander, devant un enfant qui travaille mal, quels sont son potentiel de réussite, ses points forts et ses points faibles, les décalages qui

peuvent exister. Tous ces éléments constituent une source d'information très riche qui permet de ne pas partir sur de fausses pistes. Contrairement à ce que croient parfois les parents, les enfants trouvent souvent une dimension ludique à ces tests, qui nous apportent aussi, en tant que cliniciens, des informations précieuses sur leur personnalité : leur timidité, voire leur inhibition, ou au contraire leur désir de réussir, qui peut être fébrile, leur capacité d'attention, leur agitation, leur autonomie face à une tâche ou leur besoin d'étayage constant, leur tendance à « laisser tomber », leur peur de la difficulté ou au contraire leur attitude un peu fanfaronne devant les tâches les plus ardues, etc.
Ce test de QI (le test couramment utilisé est l'échelle d'intelligence de Weschler, le WISC III) donne bien sûr un chiffre qui indique le niveau d'intelligence par rapport à la moyenne des enfants d'une même classe d'âge, mais il évalue séparément plusieurs facteurs intellectuels distincts, dressant un profil plus ou moins homogène et mettant en évidence des faiblesses qui peuvent être des freins importants pour la réussite de l'enfant.

> Mathieu est confié pour un bilan au deuxième trimestre du CE1, au cours duquel son comportement s'est dégradé. Il s'est montré moins attentif, rechignant à se mettre au travail, pleurant souvent. Le bilan va montrer une efficience intellectuelle tout à fait satisfaisante, avec un niveau de vocabulaire varié, précis et riche, des possibilités d'analyse, de synthèse et de pensée logique de très bonne qualité, mais il va mettre en évidence une difficulté spécifique au niveau du calcul, tout à fait en décalage avec le reste. Cette dyscalculie met Mathieu en échec, ce qu'il vit d'autant plus mal que les autres apprentissages ne lui demandent aucun effort. Une rééducation orthophonique en mathématiques l'aidera à surmonter cette difficulté.

Le processus de maturité ne se fait pas à la même vitesse pour tous ni forcément de façon homogène. Certains enfants, à 7 ou 8 ans, sont encore mal latéralisés. Leurs repères dans l'espace sont flous, la gauche, la droite, devant, derrière, dessus, dessous..., ces notions ne sont pas complètement intégrées.

Chez Chloé, 8 ans, en CE2, ce trouble de l'organisation visuo-spatiale explique ses médiocres résultats, sa lenteur et son manque d'organisation. Une rééducation psychomotrice sera dans un premier temps nécessaire pour l'aider à mieux coordonner ses gestes et à se situer dans l'espace.

Les résultats obtenus par le WISC III, s'ils donnent aux praticiens qui ont l'habitude de l'utiliser des informations précieuses, doivent aussi être interprétés et restitués aux parents avec nuance et mesure, en les mettant toujours en perspective avec d'autres éléments de la dynamique de l'enfant tout aussi essentiels. Car pour qu'un enfant réussisse, quel que soit son niveau d'intelligence, il faut qu'il ait l'esprit disponible, qu'il ne soit pas accaparé par tel ou tel conflit psychique.

Ainsi, il arrive très souvent que ce soit l'immaturité affective qui freine les possibilités de réussite d'un enfant par ailleurs normalement intelligent. Quand l'aîné d'une fratrie manifeste sa jalousie vis-à-vis des plus jeunes par des besoins de régression, son processus de maturation se fait plus lentement et il peut alors se trouver décalé par rapport aux autres enfants de sa classe.

> C'est le cas de Louis, 7 ans, élève de CE1. Aîné de trois garçons, il est talonné par un frère très vif de 6 ans, et a un petit frère de 18 mois très proche de sa mère, qui travaille à temps partiel. Louis ne fait guère de prouesses en classe et semble assez peu concerné par ce qui s'y passe. Le test de niveau mettra en évidence une efficience qui le situe dans la bonne moyenne des enfants de son âge, mais son comportement tout au long de la passation – désir de jouer, enthousiasme pour les exercices les plus ludiques, tendance à laisser tomber devant une difficulté ou à faire des digressions, ainsi que certaines réponses « bébé » – évoquera une immaturité affective. Ses parents et ses maîtres devront aborder cette immaturité avec patience.

Le psychanalyste Bernard Gibello décrit comme conséquence de l'immaturité de l'enfant à l'école la « disparition du plaisir naturel à apprendre et à exercer sa pensée, quand le plaisir est proposé ou imposé prématurément à l'enfant [1] ».

Faut-il brûler les étapes ?

Certains parents soucieux d'accélérer le parcours scolaire de leur enfant demandent à ce qu'il passe avec plusieurs mois d'avance en CP. Il est prudent d'envisager d'abord la question sous l'angle de la maturité affective : réaction émotive, autonomie et rythme, notamment, car, si beaucoup d'enfants sont capables d'apprendre à lire à 5 ans, tous ne supportent pas les contraintes d'une « vraie » classe ; faire les choses en même temps que tout le monde, contrôler son besoin de bouger ou de rire avec son voisin se révèlent souvent bien plus difficiles que d'apprendre à lire pour un enfant de cet âge... D'ailleurs, parmi les enfants dont les difficultés ont un lien avec l'immaturité affective, on remarque que beaucoup sont nés à la fin de l'année et ont intégré le CP avant leur sixième anniversaire. S'ils étaient nés en janvier de l'année suivante plutôt qu'en décembre, on aurait réfléchi à la pertinence de cette intégration précoce à la « grande école », et l'on aurait peut-être renoncé à les mettre d'emblée en difficulté au seuil de leur scolarité.

Ne perdons donc jamais de vue que l'adaptation aux apprentissages et la réussite ne dépendent pas uniquement des capacités intellectuelles : savoir écouter, supporter les autres et leurs exigences, avoir la souplesse d'appliquer une consigne, même si elle est contestable, sont des éléments essentiels à la réussite d'un enfant en classe. Or ce sont des qualités qui ont plus à voir avec l'éducation et l'affectivité qu'avec les performances intellectuelles. Les parents qui ont cette tentation de leur faire gagner du temps devraient relire

---

1. Bernard Gibello, *L'Enfant à l'intelligence troublée*, Bayard Éditions, 1990.

L'Émile où, sagement, Jean-Jacques Rousseau écrit : « Oserais-je exprimer ici la plus grande, la plus importante, la plus utile règle de toute éducation ? Ce n'est pas de gagner du temps, c'est d'en perdre. » En tout cas, de le prendre tranquillement...

Le collège

Avec l'entrée au collège, la question scolaire peut devenir de plus en plus présente, quand elle n'envahit pas complètement la scène familiale, et parasite les échanges entre les parents et leurs enfants. L'enfant qui débarque au collège a un travail d'adaptation à faire. Il quitte un lieu qu'il avait fini par très bien connaître. Il commençait à y prendre ses aises et, en CM2, avait acquis l'intéressant statut du plus grand, ce qui n'avait pas manqué de lui donner une certaine assurance ; avec ses copains, il régnait sur la cour de récréation, narguant ou aidant parfois les plus jeunes.

En sixième, malgré le prestige de l'« entrée » au collège, il retourne à la case « petit » et, devant tous les changements auxquels il doit faire face : horaires variables, salles de cours différentes, changement de professeurs, il ne se sent effectivement pas très grand. Il sait qu'il devra travailler davantage mais mesure mal combien il devra travailler différemment. On lui demande un effort important, non seulement, comme à l'école, d'adaptation au rythme du groupe et à des règles clairement énoncées, mais aussi d'organisation, de planification, d'assimilation de situations pédagogiques diverses et variées. Pour lui, ce n'est guère simple, et, s'il y a bien un moment où il ne faut pas voir son enfant pour plus grand qu'il n'est et surestimer sa maturité, c'est bien à l'entrée au collège.

Il y a en effet danger, au nom de la sacro-sainte autonomie, de priver à ce moment-là l'enfant d'un soutien parental. Si chacun reconnaît que l'hyperprotection est étouffante, il est prudent, à cette étape de la vie de l'enfant, de se rappeler que l'autonomie passe aussi par la protection et le soutien, et que l'apprentissage de l'auto-

nomie dans la vie pratique doit être préalable à l'autonomie dans la vie intellectuelle : se déplacer seul, se réveiller le matin avec son propre réveil, préparer son cartable le soir favorisent cette fameuse autonomie dans le travail dont les parents nous parlent tant !
Il faut reconnaître que les parents sont très souvent encouragés dans leurs vœux d'autonomie par le discours de l'institution scolaire qui leur clame haut et fort, aux réunions de rentrée, que leur enfant, en sixième, « doit » être autonome. Il serait plus opportun de leur dire qu'il faut qu'il amorce un travail d'autonomie qui ira en s'affirmant tout au long de son cursus scolaire et de ne pas les entretenir dans l'illusion qu'en quelques jours il va savoir tenir à jour son cahier de textes, prévoir ses interrogations et donc apprendre à fond ses leçons, faire des recherches de documents, se rappeler que le professeur d'anglais veut un cahier vert à petits carreaux et celui de français un classeur bleu, qu'il doit sauter une ligne en histoire et respecter la marge de quatre carreaux en biologie...
Très impressionnés par ces propos et persuadés que, s'il n'est pas autonome, leur enfant ne sera jamais l'élève brillant dont ils rêvent, les parents adoptent souvent des positions de retrait quand ils devraient le rassurer, l'aider à s'organiser, et les conséquences ne tardent pas à apparaître : les enfants attaquent le deuxième trimestre perdus et malheureux, avec un sentiment d'échec et la crainte de ne plus jamais être à la hauteur. Les parents, eux, s'angoissent encore davantage et anticipent les conséquences des mauvais résultats. Leur anxiété leur fait en plus perdre de vue que leur enfant reste un enfant et que sa vie scolaire n'est qu'un petit bout de lui-même.

> Olivia, 11 ans, est au bord de la rébellion. « Je suis une véritable machine à notes, confie-t-elle, quand je rentre de classe, maman me téléphone du bureau, et la seule question qui l'intéresse c'est "Tu as eu des notes ?" » Mais quand Olivia rentre chez elle, après sept heures de présence au collège, elle n'a aucune envie, et surtout pas au téléphone, ni de dire ses notes ni de raconter sa journée, et encore moins si on le lui demande.

Olivia n'est pas seulement une élève, elle a une vie en dehors du collège, d'autres intérêts, d'autres envies, elle est contente de se retrouver le soir dans ses murs, et il est clair que si personne ne l'y encourage ou n'y veille il n'y a aucune raison qu'elle ait encore le goût et le courage de se remettre au travail !

Le collège est aussi une étape difficile car c'est le moment où les enfants sont confrontés à des écarts dans leur développement qui créent un malaise. Certains attaquent la cinquième avec des allures d'adultes quand d'autres n'ont pas quitté les rivages de l'enfance. Ces distorsions au début de la puberté rendent les classes particulièrement peu homogènes et induisent des souffrances et des mises à l'écart qui peuvent expliquer un blocage scolaire.

> Léo, 12 ans, est en cinquième. Pas très grand, les traits fins, rien dans son allure n'annonce l'adolescence. Je le vois à la fin du premier trimestre avec ses parents, qui s'inquiètent d'un changement brutal de comportement : Léo, qui était très bon élève, a obtenu des résultats médiocres, et lui qui était gai et rieur est chaque jour plus sombre. Quand ils l'interrogent, ses parents n'obtiennent qu'un silence buté. Il faudra quelque temps pour que Léo puisse évoquer en séance les moqueries de certains camarades, qui non seulement rient de son physique enfantin mais l'attaquent sur un terrain où jusque-là il avait toujours été valorisé, celui de ses performances scolaires. Passe encore d'être petit, mais petit et bon élève, voilà qui semble terriblement compliqué...

Le collège expose les enfants à ce genre de violences, qui sont peut-être moins spectaculaires que d'autres mais qui génèrent cependant des désarrois profonds dont il faut se soucier.

Le stress des parents

L'angoisse des parents peut devenir très envahissante et parasiter complètement les liens familiaux. L'enfant en difficulté scolaire se sent au centre des tensions et sa culpabilité n'en est que plus forte. Excédés et fatigués, les parents se renvoient la balle, voudraient bien faire mais n'y arrivent pas tant ils ressentent parfois l'échec de leur enfant comme une agression insupportable, une blessure narcissique violente, une faille dans leur système éducatif. Ils s'égarent souvent dans des discours sur son avenir qui ne sont guère convaincants pour l'adolescent, encore moins pour l'enfant pour qui l'avenir « c'est demain matin ».

Parler de son bac à un enfant de sixième ne lui évoque rien, il n'entend que la peur de ses parents et leur manque de confiance en lui. L'adolescent non plus ne se projette pas dans l'avenir comme un adulte. Les menaces d'orientation peu flatteuses ou le spectre du chômage n'ont jamais stimulé un garçon ou une fille de cet âge qui n'en retiennent que le discours dévalorisant.

> Dans le primaire, Élise, 16 ans, était une excellente élève ; ses difficultés ont commencé en sixième et n'ont fait qu'empirer. Les parents d'Élise, des enseignants convaincus justement des capacités d'autonomie de leur fille, l'ont toujours laissée se débrouiller seule. Abandonnée à ses difficultés, elle n'obtient de ses parents, quand elle annonce ses notes, en guise de soutien, que des remarques désagréables, surtout de son père, qui vit très mal la scolarité difficile de sa fille. « Il me projette dans l'avenir de façon négative, me voit au mieux caissière au supermarché », dit Élise. En réalité, ses parents n'ont pas compris sa détresse au moment du passage au collège, et Élise, pourtant bien douée, a peu à peu sombré, désinvestissant le terrain scolaire de façon tout à fait inquiétante. C'est à l'âge où la notion d'autonomie aurait un sens que l'on cherche pour elle des structures de « soutien » pour tenter de rattraper le temps perdu.

Il est vrai que la conjoncture ne favorise pas un optimisme béat et que bien des parents, touchés eux-mêmes par des difficultés dans leur travail, projettent sur leurs enfants leurs propres angoisses.

> Nicolas, 12 ans, élève en cinquième, cadet de sa famille, m'est adressé par son médecin pour des migraines tenaces dont il a

tout lieu de penser qu'elles ont une cause psychologique. Ce garçon vif et intelligent va très vite exprimer l'exaspération et l'anxiété que suscitent chez lui l'omniprésence de son père, au chômage depuis quelques mois, et sa constante surveillance des résultats scolaires de ses enfants. Surtout les siens, car, en tant que fille, sa sœur aînée bénéficie d'un régime plus souple. « Il ne pense qu'à mes notes, dit Nicolas, elles ne sont jamais assez bien. » Il est probable que ce père a déplacé son inquiétude personnelle sur son fils, qui supporte mal ce télescopage, ne le comprend pas bien et l'interprète à tort comme un sentiment d'insatisfaction sur ce qu'il est.

Si, dans les bilans psychologiques, on repère si souvent une anxiété trop vive chez les enfants et les adolescents autour de la question scolaire, c'est que leurs parents la valorisent de façon excessive, lui accordent une importance beaucoup plus grande qu'à toutes les autres activités, sportives ou artistiques, mais aussi et surtout qu'à leur vie sociale et affective, qui est pourtant essentielle à leur équilibre. Leurs enfants ont le sentiment d'être « traqués ». Pour se défendre, quelques-uns mettent en place, de façon très agressive, un système d'opposition qui ne fait qu'aggraver les choses. Il est très utile, surtout quand elle se prolonge, d'expliquer à l'enfant que cette résistance passive se retourne contre lui et qu'il ferait mieux de mettre en mots sa colère.

> Loïc, 11 ans, est en sixième. Il a trois sœurs, l'une de 6 ans et des jumelles de 4 ans. Il n'a pas des résultats catastrophiques mais ses parents consultent car Loïc refuse de travailler le soir et adopte une attitude d'opposition qui déclenche chez ses parents de fortes colères et une inquiétude quant à son avenir scolaire. Loïc confirme : « Je sais que je devrais travailler mais j'en ai pas envie même si je n'aime pas avoir de mauvaises notes. » Il a pu sortir de l'impasse quand il a compris qu'en refusant de travailler il disait à sa mère sa colère de la voir si accaparée par ses sœurs et qu'il ferait mieux de l'exprimer autrement.

Le stress des parents et des enfants est parfois attisé par les enseignants, qui supportent plus ou moins bien un élève « difficile ». Ils sont bien sûr mieux préparés que les parents à faire face aux difficultés de leurs élèves car ils ont plus de recul. Ils connaissent les disparités qui existent entre les enfants et ils savent y faire face quand elles concernent les aptitudes intellectuelles. Quand les écarts concernent la sphère affective, les choses se compliquent, et pourtant, à l'école, mais aussi et peut-être surtout au collège, les besoins affectifs des élèves sont différents : certains sont des anxieux qui demandent à être rassurés, d'autres sont des extravertis qui ont tendance à monopoliser l'attention, certains sont inhibés et aimeraient qu'on les encourage à sortir d'eux-mêmes, d'autres vivent des situations familiales difficiles et attendent simplement qu'on les aime. L'ajustement qui serait nécessaire dans l'approche de ces enfants qui n'ont de commun que l'âge est difficile à mettre en place, car cette adaptation aux besoins spécifiques de chacun va à l'encontre de la règle destinée au « groupe ».
Parfois, c'est le fonctionnement même de l'établissement qui génère le stress. En jouant la carte de l'ambition pour leurs élèves, voire de l'élitisme, certains établissements attendent des performances et distribuent les compliments et les encouragements avec parcimonie. Leur projet de réussite scolaire pour leurs élèves est si prégnant qu'il peut induire une pression massive et être écrasant pour certains enfants. Les parents qui mettent leurs enfants dans ce genre d'établissement doivent en connaître les règles et les contraintes. Certains enfants les supportent allègrement et y donnent le meilleur d'eux-mêmes, pour d'autres, cela ne convient pas.

Il faut savoir le reconnaître, car la place de dernier, dans un établissement où le mythe de la réussite est la règle, est une place encore bien plus douloureuse que dans un établissement où les visées pédagogiques sont moins homogènes. En tout état de cause, le soutien parental y est nécessaire pour tous : dédramatiser l'exigence excessive d'un professeur, relativiser les résultats, rassurer une veille de contrôle permettent à l'enfant de supporter sa propre inquiétude. Or, bien souvent, les parents, anxieux à l'idée que leur enfant ne puisse rester dans un établissement aussi prestigieux et complètement en phase avec leur propre projet de réussite scolaire pour leur enfant, ne font qu'en rajouter et créent une tension que même un adulte aurait du mal à supporter. Là encore, plus que jamais, vos enfants ne sont pas des grandes personnes !

L'enfant précoce intellectuellement

Ces dernières années, les trompettes de la précocité intellectuelle ont retenti avec force et il semble qu'il y ait eu quelques excès dans l'interprétation de ce concept et dans la façon de considérer les enfants étiquetés précoces.
La précocité intellectuelle existe : certains enfants ont un potentiel d'intelligence beaucoup plus élevé que celui de la moyenne des enfants du même âge. Ils ont souvent parlé tôt, se sont montrés très vite curieux de leur environnement, posant des questions, démontant leurs jouets pour en comprendre le mécanisme, étonnant les adultes par leur vivacité et leur capacité à comprendre les situations.

> Laetitia a 5 ans. Elle est en grande section de maternelle. Petite et menue, toute ronde et toute blonde, elle est heureuse en classe, adore sa maîtresse, a des amis avec qui elle joue avec bonheur. L'école s'interroge cependant sur l'intérêt de lui faire suivre un CP l'année prochaine. En effet, depuis l'âge de 4 ans, Laetitia lit parfaitement, ayant appris seule alors que son grand frère, en CP, commençait à lire à la maison à haute voix. Elle sait aussi compter, faire des additions et écrire avec un graphisme soigné. L'évaluation du potentiel intellectuel de Laetitia montre une franche précocité, puisque son QI total est de 145 avec une bonne homogénéité des notes entre les deux échelles, l'échelle verbale, qui explore les facteurs intellectuels liés au langage, et l'échelle de performance, qui regroupe les items non verbaux : temporalité, repères visuo-

spatiaux, agilité graphomotrice, concentration. Compte tenu de cette précocité homogène et globale, faire sauter le CP à Laetitia était une idée pertinente.

L'interprétation du QI de ces enfants doit tenir compte de cette homogénéité qui, seule, garantit une véritable précocité.

> Rodolphe, 5 ans, est amené par ses parents pour un avis sur un passage anticipé en CE1. Il lit parfaitement et quand il s'exprime a un langage riche et élaboré. Le test de QI va cependant mettre en évidence une disparité chez Rodolphe entre son langage, ses capacités de compréhension verbale et son développement psychomoteur, son graphisme, son organisation perceptive.

Dans ce cas de figure, la précocité verbale correspond plus à une très bonne stimulation familiale du langage de Rodolphe qu'à une vraie précocité intellectuelle. Le conseil à donner, plutôt que de sauter une classe en risquant de le mettre rapidement en difficulté, est d'essayer de faire travailler les points les plus faibles de Rodolphe pour obtenir un rééquilibrage de son profil et lui permettre une véritable aisance.

Mettre ces enfants dans des classes spéciales, comme le préconisent les associations d'enfants précoces, n'est pas la seule et unique solution. Si certains enfants mal adaptés à un système scolaire classique peuvent y trouver leur compte, pour d'autres l'éveil à d'autres activités, artistiques ou sportives, peut suffire à un meilleur épanouissement. Ce qui est sûr, c'est que ces enfants doivent être suffisamment « nourris » sur le plan intellectuel pour que leur curiosité reste en éveil et que ne s'effrite pas chez eux le goût du plaisir d'apprendre et d'un certain effort.

> Justine a 14 ans. Élève de troisième, elle n'a pas de bons résultats, ne travaille pas et s'enfonce dans ses difficultés qui ont commencé en cinquième. Le bilan psychologique va mettre en évidence une efficience intellectuelle très supérieure et homogène. Très bonne

élève dans le primaire, Justine fait partie de ces enfants qui ont réussi sans effort jusqu'à l'entrée au collège, et qui, confrontés à des exigences plus soutenues, sont perdus. Ils n'ont pas compris que leur système ne s'accordait pas avec les exigences de la fin du collège. Il aurait été bon de repérer plus tôt les facilités de Justine pour mieux la stimuler intellectuellement et éviter qu'elle ne tombe dans ce genre d'écueil. Le bilan, quoiqu'un peu tardif, en rassurant Justine et en la revalorisant aux yeux de tous, lui a cependant permis de sortir de l'impasse.

L'enfant précoce intellectuellement n'est pas une « grande personne » pour autant... Son développement affectif est souvent loin d'être aussi rapide que sa maturité intellectuelle : un enfant de 8 ans peut tout à fait avoir la maturité intellectuelle d'un enfant de 12 ans et des besoins affectifs en accord avec son âge ou même avec celui d'un enfant plus jeune. Or, on l'a vu, la maturité affective tient une place importante dans la réussite scolaire de l'enfant et, malgré son excellent potentiel, l'enfant précoce intellectuellement mais immature ou accaparé par des conflits psychiques peut être en échec scolaire. Dans ces cas-là, ce n'est pas seulement la pédagogie de l'école où il se trouve qui doit être reconsidérée, mais lui qui doit être aidé, afin de retrouver une harmonie.
La vie scolaire de l'enfant s'écoule rarement de façon idéalement paisible. Plus ou moins harmonieuse, parfois brillante, souvent chaotique, elle est source pour lui de conflits, de souffrances mais aussi de grands bonheurs et de fierté. Pour ses parents, elle est souvent l'occasion d'une certaine désillusion : leur enfant n'est pas l'enfant parfait si souvent rêvé, il a ses limites. On voudrait qu'il se passionne pour la littérature, il aime le foot et regarde des séries à la télévision. Ces déceptions sont surmontables, et heureusement le plus souvent surmontées, car même si, parfois, des personnes extérieures à la famille doivent intervenir pour régler tel ou tel problème, les parents restent les mieux placés pour aider leurs enfants à franchir tranquillement les étapes, et rien ne sera jamais aussi efficace et réconfortant que leur regard bienveillant et leur soutien sans faille.

V
L'ENFANT ET LA FAMILLE ÉCLATÉE

Le couple qui se défait

La séparation de ses parents est pour l'enfant une menace de n'être pas toujours laissé à sa place d'enfant et d'être, là encore, pris pour une grande personne. S'il y a bien un moment où les risques sont grands, c'est celui-là !
Bien sûr, souvent cela se passe bien et les parents très avertis des risques de perturbations pour leur enfant ont le souci de le protéger et de lui épargner des souffrances supplémentaires en évitant de faire peser sur lui le poids de leur conflit. Ces parents-là, conscients de leur échec, s'efforcent de réussir leur séparation et de créer à présent autour d'eux l'harmonie qui leur a fait défaut, et il n'est pas rare de voir en consultation des couples séparés depuis plus ou moins longtemps venir parler ensemble de leur enfant sans que l'on perçoive chez eux d'agressivité latente ; si, parfois, l'agressivité affleure, ce n'est ni plus ni moins que chez des couples unis.
Mais les séparations sont aussi l'occasion de conflits violents, qui souvent s'estompent avec le temps, mais dont certains perdurent bien au-delà de la rupture. C'est alors, dans ces batailles rangées qui peuvent virer à la vraie guerre, que les enfants paient un très lourd tribut, il n'est pas inutile de le rappeler.
Les difficultés peuvent commencer très vite : la séparation ne se

fait pas toujours par « consentement mutuel », pour employer le jargon juridique ; entendons par là que, dans le couple, l'un peut souhaiter la séparation et l'autre la subir. Or, si l'on admet qu'une séparation est une épreuve pour tous, la souffrance n'est cependant pas la même : elle est souvent lourde de culpabilité chez celui qui initie la rupture, culpabilité de faire souffrir l'autre, justement, de le laisser seul, parfois de lui enlever le bonheur de voir ses enfants au quotidien. Elle est presque toujours dépression pour celui qui se voit imposer un choix qu'il ne partage pas, tout au moins de cette façon-là, à ce moment-là.
C'est alors que les risques sont grands de voir les enfants pris comme témoins et mis en demeure de s'exprimer sur des événements qui pourtant les dépassent, car le conflit va alors tout naturellement se cristalliser autour des enfants qui demeurent un lien puissant : plus un parent aura de mal à tourner la page, à faire le deuil de son couple uni, plus l'enfant va servir de prétexte à prolonger, dans le conflit qui s'éternise, le lien qui devrait se dénouer. Et cela peut durer longtemps, très longtemps, même après que chacun des parents a refait sa vie, et surtout si un seul des parents a retrouvé un équilibre affectif.

> Juliette, 10 ans, dont les parents ont divorcé il y a quatre ans, a demandé elle-même une prise en charge psychothérapique pour pouvoir venir au fil des entretiens exprimer sa lassitude. « Je commence à en avoir marre, dit-elle, dès qu'ils se parlent de moi, ils s'engueulent, enfin, depuis le temps je devrais avoir l'habitude. » Il faut croire que l'habitude ne se prend pas facilement.

Les prétextes de disputes sur le dos des enfants sont multiples, et après une expérience de travail de quelques années auprès de juges aux affaires familiales le constat est triste et simple : dans le sordide, tout est possible, quels que soient le milieu social et le niveau intellectuel des parents ; tel père ne remettra pas le linge de l'enfant au retour du week-end, telle mère fera une main cou-

Un garçon de 7 ans dont les parents viennent de divorcer. Pris dans un « conflit de loyauté » très vif, il dessine chacun dans des cases séparées. D'abord sa mère, puis son père et son amie, puis lui et son frère. La maison est celle où il aimerait habiter plus tard !

rante au commissariat pour retour tardif, sourde aux explications pourtant simples de son ex-mari et de son fils, pour qui, du coup, les bons moments passés avec son père prennent le goût amer de la culpabilité.

Dans ces contextes de conflits intenses, il semble que les parents, qui pourtant ne cessent de parler au nom de l'« intérêt de l'enfant », n'aient plus du tout en tête la moindre idée de l'enfance et soient incapables de respecter ou de protéger ce temps d'enfance.

> « Ce que je veux, c'est qu'Éric choisisse », dit ce père qui ne saisit pas ou ne veut pas saisir le poids de sa demande. Car choisir, pour cet adolescent de 13 ans, dans ce contexte, n'est-ce pas exclure l'autre ? À l'entendre charger de tous les défauts du monde cette mère qu'il n'a pas « choisie », on a bien le sentiment que dans sa tête, à ce moment-là, le « je veux vivre avec toi » le contraint à dire « je n'aime pas l'autre ».

C'est là qu'il est essentiel que la parole d'un tiers, magistrat ou psychologue, vienne décharger l'enfant de ce poids en lui faisant comprendre qu'aller vivre avec l'un n'implique pas pour autant qu'il haïsse l'autre. C'est très important, car, pris dans le discours du parent qui le conditionne, discours véritablement « incorporé », le rejet peut se transformer en véritable déni.

> David, 14 ans, est entendu au cours de la procédure de divorce de ses parents. Il a décidé, dit-il, de ne plus jamais voir sa mère : « Je sais que c'est ma mère, mais je m'en fous, maintenant, c'est plus ma mère. » Il est, en réalité, littéralement absorbé par la position de son père, avec lequel il vit et dont la virulence envers sa femme est extrême. Sombre et obstiné, il refuse tout contact avec elle, dans une position de clivage complet. « Elle n'avait qu'à pas partir ailleurs », dit-il, faisant encore écho au discours paternel. L'intervention du tiers lui a permis de comprendre qu'il n'avait pas à se mettre « à la place de son père » et lui a aussi donné l'occasion d'évoquer la souffrance que représente pour lui le

départ de cette mère « partie ailleurs », à un moment où les pulsions pubertaires réactivaient ses fantasmes œdipiens et son désir d'être l'« unique objet du désir de sa mère ».

Le « choix » du parent est un choix impossible pour l'enfant, ce qui ne veut pas dire que l'on ne doive pas entendre ses préférences, ses goûts, ses indignations, car l'entendre à ce moment-là, c'est lui donner l'autorisation de penser, mais ce n'est pas lui faire porter la responsabilité d'une décision finale, beaucoup trop lourde pour lui, décision qui doit rester une décision d'adulte. « Si c'est écrit, je le ferai », déclare, soulagé, Franck, 12 ans, qui vient d'apprendre qu'il irait chez son père un week-end sur deux, alors qu'il affirmait pourtant quelques semaines plus tôt avec virulence son vœu de ne plus le voir du tout.

Penser que l'enfant peut poser impunément ce type de choix, c'est méconnaître aussi toute l'ambivalence qui caractérise les liens affectifs, notamment ceux qui unissent les enfants à leurs parents. C'est aussi négliger, à l'adolescence, la force des pulsions pubertaires, la violence des affects œdipiens qui peuvent conditionner, on vient de le voir, des attitudes tranchées, dont les parents se saisissent parce que ça les arrange, mais qui peuvent ensuite laisser, chez leurs enfants, des regrets ou des blessures profondes.

Sarah, 15 ans, est rencontrée sur injonction du juge à l'occasion de la procédure de divorce de ses parents. Dix mois auparavant, ses parents se séparant, Sarah avait « choisi » d'aller vivre avec son père, à la grande satisfaction de celui-ci, qui n'avait pas manqué de lui souligner l'« ingratitude d'une mère qui part ». Pendant ces quelques mois, elle a occupé la place très convoitée de sa mère, jouant parfaitement auprès de son père le rôle de « maîtresse de maison », avec tant d'ardeur qu'elle ne supportait plus la présence d'une femme de ménage. Jusqu'au jour où elle a réalisé que son père avait une autre femme dans sa vie. Sa haine sera alors à la hauteur de tout l'amour exprimé et sa douleur profonde. « Comment ai-je pu me tromper comme ça », dit-elle en pleurant.

Sarah s'est trompée, comme elle le dit elle-même, car, au moment du départ de sa mère, elle a plongé dans le discours paternel, sur un registre œdipien, avec un intense plaisir, puis elle a dû renoncer. Mais, si ce renoncement est sain pour elle, structurant, nécessaire, ce qui ne l'est pas, c'est le sentiment amer qui lui reste d'avoir été manipulée par son père dans ce moment de plus grande fragilité nécessairement induit par le divorce de ses parents.

Un enfant peut tout à fait se remettre de la séparation de ses parents. Mais il ne le peut que s'il sent que la séparation est finalement pour lui l'occasion d'une détente, qu'elle a apaisé les tensions initiales : « Avant ils se disputaient sans arrêt, ça me prenait la tête, maintenant, j'ai la paix », dit Laurent, 11 ans, dont les parents ont divorcé après des années tumultueuses, mais qui ont retrouvé chacun un équilibre et sont tout à fait capables de se parler tranquillement quand il s'agit de leur fils.

La quiétude d'un enfant dont les parents se séparent est à ce prix : pour se construire, il doit savoir possible autour de lui un dialogue parental serein, au risque, dans le cas contraire, de se sentir morcelé, dissocié, coupé en deux et horriblement malheureux.

Le parent seul

En France, on compte 1,2 million de familles monoparentales, c'est-à-dire une famille sur huit, dans lesquelles vivent deux millions d'enfants. Dans 85 % des cas, la mère est le chef de famille. Pour ces mères de famille qui jonglent, seules, entre leur travail et leur fonction maternelle, souvent avec un budget serré, le quotidien n'est pas toujours facile et la tentation de vivre en vase clos avec leur enfant est évidente. L'enfant se voit alors mis à la place du confident privilégié avec qui l'on partage ses joies mais surtout ses soucis, ses peines et ses peines de cœur, ce qui n'est guère souhaitable, il devient un interlocuteur bien au-dessus de son âge ; il est mis, là encore, à la place d'une grande personne.

Quand l'enfant est petit, les risques d'hyperprotection existent, la culpabilité inconsciente œuvrant et les mères voulant en faire toujours davantage pour compenser l'absence paternelle, quelle qu'en soit la cause. Plus ou moins contraintes et forcées, elles associent étroitement leur enfant à leur vie, oubliant souvent de se réserver des moments pour elles, et trouvent auprès de lui les gratifications qu'elles ne trouvent pas ailleurs.

Françoise Dolto s'est beaucoup insurgée contre ces huis clos qu'elle trouvait tout à fait toxiques pour l'enfant : « On ne peut rentrer en relation saine pour lui avec un enfant que si soi-même on est en relation d'échange avec d'autres, et s'il est, lui, en relation avec les autres et pas seulement avec soi[1]. »

L'enfant perçoit vite le rôle essentiel qui lui est assigné et en profite pour occuper une place qu'il ne devait pas prendre. Selon son âge et l'humeur maternelle, ses réactions seront différentes.

Si sa mère passe par des moments de dépression, l'enfant, quel que soit son âge, cherchera d'abord à la « soigner » et mettra en veilleuse ses désirs, au risque de s'oublier. En cela, cet enfant-là est proche de l'enfant qui se retrouve avec un seul parent après la mort de l'autre. J'en reparlerai plus longuement un peu plus loin.

Quand ce n'est pas le cas, l'enfant fait souvent vibrer avec une grande habileté les cordes de la culpabilité. Et, bien souvent, cela fonctionne à merveille !

> La maman de Ben s'inquiète parce que son fils de 7 ans ne tient pas en place. « Ben me dit qu'il est triste parce que son papa n'est pas là, alors il vient dans mon lit tous les soirs », explique-t-elle. La tristesse de Ben est sans doute réelle, mais sa mère, en acceptant, pour le consoler, de le mettre chaque soir dans son lit, ne le rassure pas vraiment. En accédant à sa demande, elle le maintient

---
1. Françoise Dolto, *La Cause des enfants*, Pocket, 1995, p. 347.

dans une attitude régressive et pas du tout rassurante à moyen terme. L'inquiétude naturelle de ce garçon, dont le père, modèle identificatoire, est absent, est renforcée par la proximité avec la mère, qui, loin de l'apaiser, l'agite. Mieux vaudrait qu'elle lui fasse parler de ses peurs, de son chagrin et qu'elle trouve les mots pour l'apaiser ; lui rappeler, par exemple, que son père, même absent, pense à lui, qu'il continue d'être son père, et qu'il reste pour lui un recours possible.

Quand la séparation des parents survient lorsque l'enfant a 6 ou 7 ans, elle réactive souvent le conflit œdipien qui était en voie d'apaisement. Le tête-à-tête avec la mère est donc à la fois très souhaité par l'enfant, mais aussi inconsciemment redouté, puisqu'il le renvoie à un stade antérieur de son développement.

Pour l'enfant plus jeune, vers 3 ou 4 ans, la séparation des parents est vécue comme un traumatisme, puisque la racine unique à partir de laquelle il a ébauché sa construction se divise et qu'il manque de repères pour contenir son angoisse de séparation. Par ailleurs, il a un rapport au temps qui n'est pas le même qu'un enfant plus âgé, il vit dans l'instant, et ses capacités de représentation du parent absent, le plus souvent son père, sont encore faibles : quand il ne le voit pas, il l'imagine peu, et son absence est donc plutôt perçue comme une sorte de néant.

L'absence de la mère, lorsqu'il la quitte pour rejoindre son père, est souvent vécue douloureusement pour les mêmes raisons.

Ainsi, la mère qui vit seule, séparée du père d'un enfant de cet âge, doit l'aider le plus possible dans ce travail de représentation qui lui est difficile : matérialiser de façon concrète, par des dessins, par exemple, le temps qui sépare les visites, garder un objet familier du père seront une aide précieuse.

Elle doit aussi se soucier, surtout si les liens entre le père et l'enfant sont distendus, de ne pas vivre avec lui dans un tête-à-tête étouffant.

À l'adolescence, la cohabitation mère seule-enfant devient très souvent pesante, quand elle n'est pas carrément conflictuelle. Le souci d'autonomie de l'adolescent s'accommode mal de cette proximité, et la mère peut ressentir soudain comme bien lourd le poids de tous ces remous.

> La mère de Michaël affronte seule cet adolescent de 15 ans. « Par moments je me dis que c'est vraiment trop dur », confie-t-elle, découragée par son fils, qui lui répond avec insolence du haut de son mètre quatre-vingts, n'en fait qu'à sa tête, sort sans dire où il va, et bâcle ses devoirs. L'indisponibilité de son père, qui n'accorde que bien peu de temps à son fils, alors qu'il partage la vie quotidienne du fils de sa compagne, est sûrement pour beaucoup dans l'attitude de Michaël. Puisque aller vivre chez son père ne paraissait pas envisageable, quelque temps en internat a permis de soulager les tensions. Cette distance prise avec sa mère dans la réalité a pu l'aider à se dégager de ses conflits et la décharger, elle, du poids de son agressivité.

Une autre source de conflit très fréquente à l'adolescence est l'écart qui peut exister dans le train de vie des parents et que leurs enfants utilisent avec dextérité pour exercer un chantage auquel il convient absolument de résister.

> C'est ce que tente de faire Karine, 14 ans. Elle voit son père pendant les fins de semaine. Il ne manque pas de la gâter avec ostentation, ne résistant à aucune de ses demandes : restaurant, cinéma et multiples achats, rien n'est trop beau pour sa fille. Celle-ci rentre chez sa mère revendicatrice et méprisante. « Je ne peux pas rivaliser avec son père », dit sa mère, qui l'élève seule au quotidien, avec un budget plus serré, mais sans, d'ailleurs, qu'elle soit privée de ce dont elle a réellement besoin.

Ne pas céder au chantage affectif et tenir bon est la seule réponse possible, mais ô combien épuisante... À l'adolescence, d'ailleurs, si l'autonomie des enfants dans leur vie concrète et quotidienne est un vrai soulagement pour les mères seules qui se voient souvent aidées dans l'organisation matérielle des journées, les conflits psychiques qui s'expriment avec plus ou moins de violence sont très difficiles à affronter pour elles. Plus que jamais, le recours à des tiers est utile, voire nécessaire, même s'il est un peu douloureux, car il signe parfois la limite de la fonction maternelle à cette étape de la vie de son enfant. Et, quand l'adolescent exprime le désir d'aller vivre un moment chez son père, il est bon que sa mère l'entende, bien que cela lui soit légitimement difficile de passer le relais et qu'elle doive surmonter pour cela le sentiment d'injustice et d'ingratitude qu'elle ressent bien souvent.

Le père seul

Quelques pères (encore très peu, car peu le demandent) se voient confier, après leur séparation, la garde de leurs enfants, ou plutôt, pour employer la formule consacrée, voient fixer la résidence des enfants chez eux. À eux, donc, d'assumer et d'organiser leur vie quotidienne. Ceux qui se trouvent dans cette situation sont le plus souvent des pères qui prenaient déjà auparavant une part très active dans la vie de leurs enfants : leur vie familiale était depuis toujours organisée dans ce sens.
Le plus souvent, ce sont les impératifs professionnels de la mère qui ont justifié cette organisation : horaires imprévisibles, déplacements fréquents, emploi du temps surchargé, le travail du père lui permettant d'assurer une présence plus régulière auprès des enfants.
Dans quelques cas, c'est la fragilité psychologique de la mère ou sa négligence qui incitent les juges à prendre ce type de décision pas toujours encore bien perçue socialement. Mais, quelle qu'en soit la cause, là encore, les répercussions sur l'enfant sont fonction de son âge, du climat affectif qui l'entoure et de la qualité des échanges qui existent entre ses parents au-delà de leur rupture.
Les pères seuls n'échappent pas au risque du huis clos asphyxiant

dont nous parlions à propos des mères seules. Françoise Dolto, qui, sur la fin de sa vie, assistait à la naissance de ces « nouveaux pères », s'inquiétait beaucoup des répercussions psychiques sur l'enfant de la position très « maternelle » de ces hommes : « Les modes vont toujours d'un extrême à l'autre. En matière éducative, elles sont dangereuses. Trop longtemps exclu par les pédiatres du couple mère/enfant, le père revient en force... voilà que papa poule érotise à son profit la relation à son enfant et qu'il commet l'excès d'attouchements et de caresses des mères possessives[1]. »
Si quelques pères qui se voient confier leurs enfants peuvent en effet avoir vis-à-vis d'eux ce comportement névrotique très malsain, la grande majorité heureusement trouve un équilibre de vie qui lui permet d'assumer le mieux possible ses responsabilités.

Le parent seul après un deuil

L'observation des enfants laisse penser qu'ils ne se situent pas vraiment de la même manière par rapport à un parent seul selon les circonstances qui ont conduit à cette situation et qu'ils peuvent avoir des sentiments et des attitudes contrastés.
Quand le parent est mort et que l'enfant se retrouve seul avec l'autre, il est dans le registre de la perte à plusieurs niveaux : il perd à la fois son père ou sa mère, mais aussi le parent qui reste tel qu'il était avant. Il doit affronter sa propre dépression, mais aussi celle, ô combien insécurisante, de l'autre parent. **Jamais peut-être les risques ne sont plus élevés de le voir alors comme plus grand qu'il n'est dans la réalité, de le prendre pour un interlocuteur d'un autre âge, d'en faire un adulte avant l'heure...** Les rapports de l'enfant endeuillé avec ses proches, qu'il ait perdu un parent mais qu'il s'agisse aussi d'un frère ou d'une sœur, sont le plus souvent dominés par le souci de ne

---
1. Françoise Dolto, *La Cause des enfants*, op. cit., p. 348.

pas faire souffrir davantage le « survivant », de l'épargner. Pour s'adapter au besoin de l'autre, il va refouler ses propres besoins, ses propres sentiments, ses joies et ses peurs.
Alice Miller décrit avec finesse, dans *Le Drame de l'enfant doué*, les conséquences pour l'enfant de cette « hyperadaptation ». Dans les analyses de ces enfants devenus grands, elle repère « des sentiments de vide, d'absurdité, de non-appartenance car ce vide est réel[1] ». La personnalité de ces enfants semble en effet ne s'être pas construite, occupés qu'ils étaient à satisfaire les besoins de l'autre et à mettre les leurs en veilleuse.
Alice Miller écrit avoir parfois entendu ces patients lui dire « avoir rêvé dans leur enfance qu'ils étaient en partie morts[2] ».
Les enfants jeunes rencontrés après la mort d'un de leurs parents ont rarement conscience de protéger l'autre mais pourtant peuvent très tôt avoir des comportements qui vont dans ce sens.

> Baptiste, 5 ans, a perdu sa maman quelques mois plus tôt. Tout en dessinant, il m'assure : « Je ne suis jamais triste » et ajoute quelques instants après : « Quand j'ai un souci, je l'oublie et ensuite "on" n'a plus de souci. » Dans ce « on », qui n'est pas là par hasard, Baptiste exprime tout son désir de voir son père épargné par la peine qu'ils vivent chacun de leur côté, dans un souci mutuel de se protéger.

Les adolescents, eux, peuvent exprimer plus directement le poids qui pèse sur eux :

> C'est ce que fait Caroline, 15 ans, aînée de trois enfants, qui a perdu son père à 12 ans et vient consulter car elle pleure souvent, est de moins en moins active en classe et a tendance à s'isoler. Il émergera vite en séance son souci, malgré une forte tension intérieure, d'être le plus « légère » possible pour sa mère, déjà accaparée par ses jeunes frères : « Mes frères m'horripilent, surtout le

---
1. Alice Miller, *Le Drame de l'enfant doué*, coll. « Le Fil rouge », PUF, p. 24.
2. ID., *ibid.*

plus jeune qui est sans arrêt en train de pleurnicher auprès de maman, mais je ne vais pas, en plus, en rajouter », dit-elle. C'est le contrôle sévère de son agressivité en famille qui provoque chez elle un malaise.

Baptiste et Caroline, l'un et l'autre à leur manière, n'ont plus tout à fait leur place d'enfant. En étant d'abord soucieux des besoins de leurs parents, ils s'effacent, occultent leurs besoins d'enfants et s'assignent des rôles qui les dépassent.

L'enfant qui ne connaît pas son père

Quand l'enfant n'a jamais connu son père, il est important, pour qu'il se construise harmonieusement, qu'il puisse malgré tout connaître l'histoire de sa naissance, ses origines, et que sa mère, dans la mesure du possible, désigne un homme qui puisse servir de tiers, tiers qui créera l'espace nécessaire entre elle et son enfant. Car cet enfant-là, plus que tout autre, ne doit pas vivre dans le fantasme d'être l'unique objet d'amour de sa mère. Il doit savoir qu'il est le fruit d'une relation d'amour, même fugace. Il doit pouvoir imaginer que sa mère a une vie affective et amoureuse dont il ne fait pas partie. C'est ce qui lui donnera la liberté, à son tour, d'élargir son champ affectif, de s'épanouir dans ses relations sociales, pour élire plus tard un autre objet d'amour.

Les mères qui élèvent un enfant sans père, par choix ou parce que les événements en ont décidé ainsi, ne doivent pas sous-estimer la difficulté de l'enfant de faire face à cette « béance ». Tôt ou tard, elles seront confrontées à ses questions, à son besoin de savoir, de connaître celui qu'il tente de se représenter. Plus elles pourront lui donner des repères (re-pères...), des informations, plus elles laisseront se profiler ce lien de filiation, mieux l'enfant s'en portera et pourra peut-être, adulte, construire une relation jusque-là impossible.

La famille recomposée

Divorcés, séparés, remariés, les couples contemporains sont souvent à la tête de tribus, composées d'enfants issus de leurs différentes unions, qu'ils élèvent ensemble ou séparément. Là encore, le désir des parents que tout le monde s'entende et que cela « ne pose aucun problème » peut être si fort qu'il occulte les efforts d'adaptation et les tiraillements qui très souvent en découlent. Et, pourtant, les enfants restent des enfants, et ils ne vivent pas toujours les situations aussi simplement que les adultes l'imaginent si volontiers. Difficile de faire très simple quand c'est quand même un peu compliqué.

> Quand Capucine, 11 ans, parle de sa famille, on a un peu de mal à la suivre : « J'ai un frère, explique-t-elle, et puis un grand frère et une grande sœur du côté de papa, et puis j'ai le fils de mon beau-père, c'est comme mon frère sauf que c'est pas vraiment mon frère, et puis l'amie de papa, elle a une fille, Marie, c'est un peu une demi-sœur, je la vois quand j'y vais les week-ends... »

Capucine s'y retrouve assez bien dans ce puzzle familial, même si la langue française manque de mots pour désigner ces nouveaux liens de parenté qui unissent les enfants des familles recomposées. Beau-père, demi-frère, belle-sœur, les mots, parfois, ne recouvrent plus le même sens pour tous et dépendent souvent du degré d'affection qui unit les uns et les autres : « Claire, c'est ma sœur, ça fait aucune différence », dit Capucine en parlant de la fille aînée de son père, qui est en réalité sa demi-sœur. A contrario, certains rejettent un lien qui cependant existe bel et bien.

> Adrien, 13 ans, dont le père vient d'avoir un fils, s'insurge contre la parenté qu'on lui attribue avec l'intrus... « De toute façon, ce ne sera jamais mon frère, déclare-t-il, péremptoire, ce sera peut-être un genre de cousin. » Il était utile de rappeler à Adrien que ce

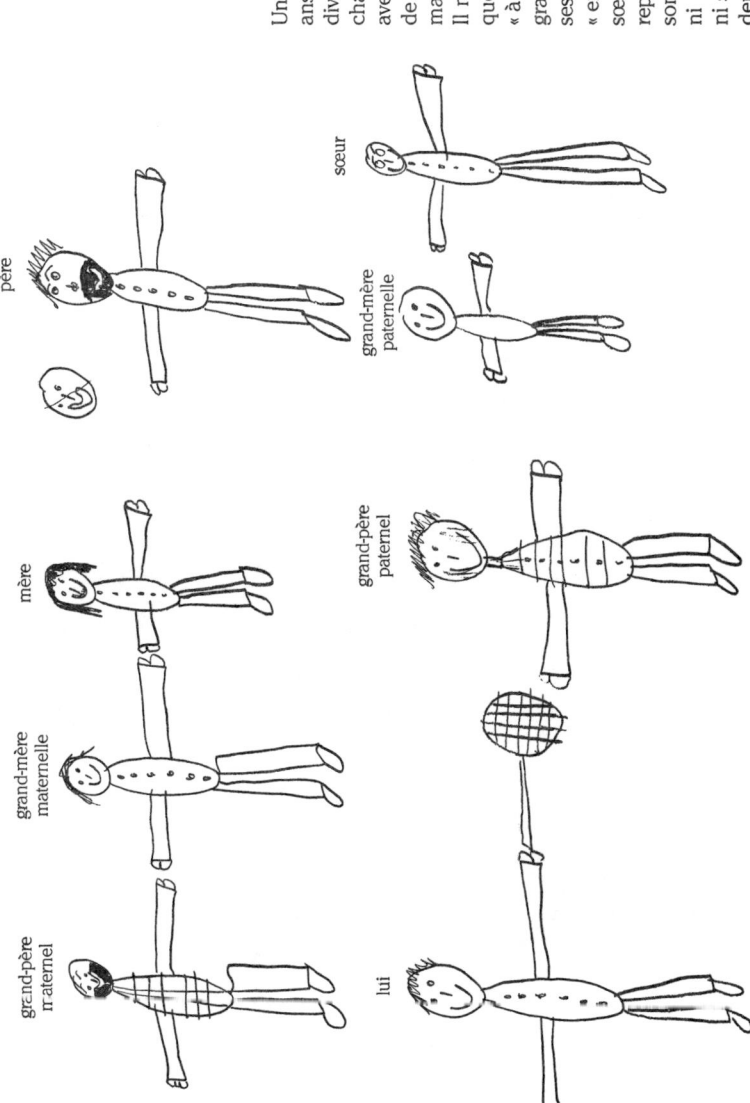

Un garçon de 10 ans. Parents divorcés et chacun remarié avec un enfant de leur deuxième mariage.
Il ne dessine que sa famille « à lui » avec ses grands-parents, ses parents « ensemble », sa sœur. Mais ne représente ni son beau-père, ni sa belle-mère, ni ses deux demi-sœurs.

Une fille de 9 ans.
Famille recomposée très compliquée...
Du coup, elle rajoute aussi cousins et oncles...
Mais chacun est dans une case séparée.

n'était pas lui qui, en l'occurrence, choisissait la nature du lien qui l'unirait au nouveau venu et qu'en tant que fils de son père cet enfant était son demi-frère. Libre à lui de l'aimer ou non par la suite...

Cette liberté-là doit être clairement énoncée. Mais les parents, dans leur désir d'harmonie, d'autant plus fort qu'ils auront connu auparavant des conflits violents, répugnent souvent à l'exprimer et forcent parfois les sentiments de leurs enfants ou se leurrent sur les affects qu'ils éprouvent à l'égard des uns et des autres.

Tel ce père de famille qui réunit pendant les vacances les deux filles de sa femme et ses trois enfants, dont les âges s'étirent de 9 à 15 ans, et déclare, sans l'ombre d'un doute : « Ils s'adorent tous. » Pourtant, Elsa, sa fille de 12 ans, vue en consultation pour un trouble alimentaire, ne sera pas aussi euphorique que lui, exprimant une rivalité vive avec la plus jeune fille de sa belle-mère, qui, lui semblait-il, occupait au sein de cette mosaïque une place privilégiée. « C'est la chouchoute de Catherine, et dès qu'on lui dit quelque chose, Catherine le dit à papa et c'est moi qui me fait gronder... »

On ne voit d'ailleurs pas pourquoi ces enfants adhéreraient forcément au rêve d'harmonie familiale de leurs parents et échapperaient à des sentiments de rivalité naturels comme on les voit dans les fratries. Mais rivalité et agressivité ne prendront une ampleur pathologique que si leur expression est interdite ou culpabilisée à outrance.

Dire à l'enfant qu'il n'est pas obligé d'« aimer » son beau-père ou sa belle-mère est rassurant pour lui, cela lui évite parfois d'être pris dans des conflits de loyauté douloureux. Mais cela ne veut pas dire pour autant que l'on ne doit pas lui inculquer le respect de l'autre, le respect de cette présence auprès du père ou de la mère : dire bonjour, au revoir, merci est parfois un minimum qui n'est même plus demandé par des parents, culpabilisés à tort, et qui s'égarent dans des scrupules.

> La mère de Margaux, 10 ans, vient consulter à ce propos. Divorcée depuis quatre ans, elle vit depuis un an avec un homme que, dit-elle, « Margaux n'aime pas. Du coup, elle est insolente avec lui, lui ne le supporte pas et moi je ne supporte pas qu'il la reprenne car ce n'est pas son père ». Une tension s'installe dans le couple qui, pourtant, a des projets et voudrait s'épargner une rupture.

Si cette mère voit juste quand elle n'oblige pas sa fille à aimer son compagnon, elle a tort de supporter qu'elle ne le respecte pas et fait fausse route quand elle empêche celui-ci de réagir : sa fille a besoin d'être remise à sa place par cet homme, même s'il n'est pas son père. Il peut parler et intervenir, non en tant que père, mais en tant que compagnon de la mère, partageant avec elle une vie quotidienne où les règles de respect mutuel n'ont pas lieu d'être bafouées ni édictées par une enfant qui souhaite régner en maîtresse et prendre la place des grandes personnes !
Là encore le chantage affectif des enfants ne doit pas ébranler les parents.
On le voit, tout n'est pas toujours parfait, mais, même s'il y a des ratés et quelquefois beaucoup de souffrance, les familles recomposées sont souvent, pour les enfants qui ont vécu les turbulences d'une séparation, une source de meilleur équilibre : ils retrouvent une place d'enfant parmi d'autres enfants et sont ainsi remis à leur juste place. Ils ne sont plus dans l'illusion dangereuse d'être le « centre du monde » ou tout au moins du monde affectif de leurs parents. Ils sont confrontés à d'autres personnalités, à d'autres références éducatives, et cela, en les ouvrant sur l'extérieur, est d'une formidable richesse. Mais tous ces enfants ont d'importants efforts d'adaptation à faire qui peuvent, par moments, mobiliser une grande énergie. Leurs parents doivent en avoir conscience et les soutenir, sans minimiser, parce que cela les arrange, les difficultés ponctuelles que cela peut susciter.

VI

LES RELATIONS ENTRE FRÈRES ET SŒURS

Les parents face à la fratrie

On a beaucoup dit aux parents de ne pas intervenir dans les relations qui existent entre leurs enfants. Et il est vrai que trop d'interventions peut être pesant et inutile. Mais ce n'est pas pour autant que les enfants sont toujours capables de gérer seuls les liens complexes qui les unissent à leurs frères et sœurs. Dans cette complexité, l'aide de leurs parents leur est parfois nécessaire : là encore, ce ne sont pas des grandes personnes, et le recul ou la prise de position d'un adulte ne sont pas forcément pour eux une intrusion outrageante, au contraire.

Frères et sœurs, quelle fonction ?

Les relations fraternelles sont très présentes dans les entretiens que nous avons avec les enfants, qui nous parlent toujours de leurs frères et sœurs quand ils en ont : fascination, rivalité ou jalousie violente, ils décrivent soit dans leurs dessins, soit à l'occasion d'un jeu, toute une gamme d'émotions nourrie par les relations fraternelles. Les adolescents, eux aussi, peuvent être amenés à nous parler de leurs frères et sœurs, même si l'adolescence est un temps où ils cherchent à s'échapper de l'univers familial et s'ils minimisent souvent le poids de ces relations. Quant aux parents, il est fréquent qu'ils idéalisent les relations qui se nouent entre leurs enfants.

Dans l'idéal parental, élever plusieurs enfants, c'est offrir à chacun des compagnons de rires et de jeux et des complices pour la vie. Ce qui explique pas mal de déceptions quand l'aîné frappe le plus jeune ou hurle qu'il ne peut plus le supporter. Car dire que les enfants se chamaillent est un euphémisme : ils se cherchent, s'exaspèrent, voire s'étripent sous les yeux horrifiés de leurs parents, qui supportent très mal ces bagarres et cherchent ce qu'ils ont bien pu faire ou ne pas faire pour en arriver là.

Bien souvent, rien, car cela fait partie de la nature des choses pour un enfant d'avoir des sentiments mitigés pour ses frères et sœurs. Selon les jours et l'humeur, il oscille entre l'affection consentie et la franche hostilité. Ce qu'il faut savoir reconnaître, c'est cette ambivalence, et ne pas vouloir à tout prix étouffer les conflits qui s'expriment. C'est à travers eux, mais aussi à travers les moments de complicité qu'ils connaissent entre deux disputes, que les enfants apprennent à s'évaluer, expérimentent leur violence et leur tendresse, leur force et leur faiblesse, acceptent les différences.

L'influence du rang dans la fratrie

L'aîné

L'aîné fait remonter ses géniteurs dans l'arbre généalogique et leur apprend à être parents, d'abord de nourrisson, puis d'enfant et d'adolescent. La tâche est rude ! Sylvie Angel, dans son livre *Des frères et des sœurs*, souligne le rôle unique de l'aîné.

« L'aîné fonde la famille : avant, il y avait deux adultes. Maintenant, deux générations coexistent. Ce passage ne peut être revécu. On

Une fille de 9 ans. Aînée de 3 enfants, hypermature ; elle se met dans une position maternelle vis-à-vis des plus jeunes qu'elle dessine à « l'étage » en dessous.

s'émerveillera encore à la naissance des autres enfants, mais il ne se produira plus cette transition du couple à la famille[1]. »

La naissance de l'aîné réaménage aussi les liens de ses parents avec leurs propres parents, ses grands-parents. Elle peut provoquer entre eux des rapprochements, après une adolescence parfois tendue, des resserrements du lien mère-fille, mais elle peut aussi donner lieu à l'expression de conflits jusque-là sous-jacents.

À coup sûr, la naissance de l'aîné va nécessairement réaménager les rapports du couple : le père peut être déconcerté, voire se sentir exclu devant les liens fusionnels qui s'établissent entre la mère et son enfant nourrisson. Ce n'est que peu à peu qu'il va s'introduire dans cette « dyade » mère-enfant et se poser en tiers. La mère doit accepter cette intrusion et favoriser la rencontre du père et de son enfant. C'est essentiel au bon développement de celui-ci et cela évitera, surtout si c'est un garçon, de le coincer dans une position œdipienne trop forte qui serait un frein pour son épanouissement et pourrait aussi porter ombrage, par la suite, au reste de la fratrie.

Si l'aîné a parfois une place difficile, c'est que l'on a tendance à le considérer comme plus grand qu'il ne l'est dans la réalité et à attendre de lui des performances dont il n'est pas toujours capable : qu'il mange seul et rapidement, qu'il soit propre jour et nuit avant qu'il n'en ait la maturité, qu'il joue à des jeux « intelligents » et surtout qu'il supporte sans broncher les caprices d'un petit frère...

Les mères veulent souvent aller trop vite et ne respectent pas toujours le rythme de leur aîné. Or, en voulant gagner du temps, elles en perdent, car les frustrations trop vives qu'un enfant peut éprouver à un stade de son développement retardent le passage au stade suivant et risquent donc de freiner son processus de maturité.

---

1. Sylvie Angel, *Des frères et des sœurs*, coll. « Réponses », Robert Laffont, p. 27.

Grégory a 5 ans, c'est l'aîné. Il a un frère de 3 ans et une sœur de 9 mois. Sa mère consulte car elle le trouve particulièrement agité et « difficile ». En entretien, elle admet lui demander souvent d'être « raisonnable », estime qu'il est normal qu'il cède aux plus jeunes, et lui rappelle fermement que « quand on est grand on ne pleurniche pas comme un bébé ». Elle obtient, ce faisant, le contraire de ce qu'elle souhaite et vient demander de l'aide.

L'aider, c'était lui faire comprendre qu'exiger systématiquement d'un enfant de cet âge d'être « raisonnable » n'était pas adapté et entraînait chez lui des attitudes régressives et de la souffrance.
Si les parents sont si secrètement pressés de voir leur aîné grandir, c'est surtout parce qu'ils ont de très nombreux projets pour lui ; c'est souvent sur lui qu'ils projettent ce qu'ils auraient rêvé de faire ou d'être : un grand pianiste ou un champion de tennis, une danseuse étoile ou un peintre de talent... Ces désirs refoulés peuvent être lourds pour l'enfant, qui se trouve mis en demeure de gratifier ainsi ses parents et risque fort de les décevoir.

Le deuxième

Les parents ont un tel souci de bien faire que certains s'inquiètent de ne pouvoir aimer le deuxième comme le premier. Ils supposent que l'aîné a pris une telle place dans leur univers affectif que le deuxième va avoir du mal à trouver la sienne. Mais, bien souvent, leurs craintes s'estompent dès que l'enfant paraît et ils se sentent même beaucoup plus détendus car ils savent ce qui les attend.
Le tempérament du deuxième va avoir une influence certaine dans les rapports de la fratrie. L'observation clinique tend à prouver qu'un deuxième « tranquille », qui accepte bien sa place de cadet et ne rejette pas systématiquement l'ascendant de son aîné, va créer pour celui-ci un climat beaucoup plus rassurant qu'un

deuxième « rebelle », toujours prêt à revendiquer la place du plus grand et rendant par là même la position de l'aîné très instable.

> La mère de Jessica, 6 ans, s'inquiète car sa fille, qui est la deuxième de trois filles, n'a pas d'amies : elle ne joue pas en récréation mais attend sa sœur de 8 ans, scolarisée dans la même école, pour jouer avec elle. Si Jessica n'exprime que peu d'intérêt pour sa plus jeune sœur, elle revendique, en revanche, tout ce que l'aînée fait ou possède. Quand elle dessinera sa famille, Jessica se représentera collée à sa sœur, identique en taille. Il apparaîtra au cours des séances suivantes que cette enfant, sans doute pour évacuer les affects dépressifs provoqués par la naissance de sa plus jeune sœur, a massivement investi sa sœur aînée, devenue son « double narcissique », pour reprendre l'expression de Guy Rosolato[1], qui en fait un des éléments clefs du système dépressif, « double narcissique » qui lui permet d'échapper au sentiment d'abandon maternel induit par la naissance de la plus jeune.

Ses parents avaient raison de s'inquiéter : il était nécessaire que Jessica occupe la place qui était la sienne et surmonte le sentiment de perte douloureux qu'elle déniait. Cela permettait aussi à sa sœur d'être plus tranquille et de vivre sa place d'aînée avec moins d'insécurité.

Le dernier

La place du dernier est souvent décrite comme la « bonne place », celle où l'on vous fiche la paix, celle qui suscite toutes les indulgences. Il est vrai que les parents sont rarement pressés de voir leur dernier grandir puisque sa croissance les renvoie à leur propre vieillissement. Les enfants quittent la maternelle, l'école, le collège, le lycée, des pages se tournent qui ne s'ouvriront plus.

---

[1]. Guy Rosolato, « L'axe narcissique des dépressions », *in Le Narcissisme, Nouvelle Revue de psychanalyse*, 1975.

Un garçon de 10 ans. Ses parents sont mariés et unis. Une sœur de 12 ans. Problème de rivalité et d'infériorité. Il se dessine en arrière-plan et représente sa sœur beaucoup plus grande que lui.

Une fille de 6 ans et demi. Seconde de trois filles. Très jalouse de sa jeune sœur, elle essaie de régler la question en se mettant dans une position de gémellité avec l'aînée, sorte de double d'elle-même.

Rien ne presse ! Alors, pour leur dernier, les parents se montrent donc plus souples, plus tolérants, plus respectueux de ses désirs propres, et ils projettent moins de leurs propres désirs sur lui que sur les aînés.
Pourtant, les derniers n'évoquent pas toujours que des avantages quand ils parlent de leur place. Souvent malmenés par les plus grands, surtout quand ils sont en nombre, ils subissent parfois l'image du « chouchou » des parents à qui l'on ne peut rien dire, mais à qui l'on ne laisse pas exprimer grand-chose non plus. Plus d'un évoque ces repas où la conversation est monopolisée par un « grand », quand eux aussi auraient tant de choses à raconter.

> Katia a 13 ans. Dernière d'une fratrie de trois, elle a deux grands frères de 18 et 22 ans qui sont déjà étudiants. Je la reçois pour un bilan, sur les conseils de son professeur principal qui la trouve triste et peu performante alors qu'elle ne semble pas avoir de difficultés de compréhension. Katia est en effet tout à fait capable de réussir sa quatrième, mais elle manque de confiance en elle, et l'on remarque vite qu'elle n'ose pas exprimer ce qu'elle sait ou qu'elle le fait avec maladresse, par inhibition. Elle pourra dire au bout de quelque temps toute sa difficulté à être « écoutée » chez elle et à prendre la parole, face à ses deux grands frères qui, dit-elle, « intéressent forcément plus les parents ».

Quand leurs aînés abordent l'adolescence, les derniers reçoivent aussi l'agressivité qui circule sans bien souvent en comprendre le sens, et les parents, accaparés par les conflits auxquels ils doivent faire face, oublient parfois de les protéger de la tourmente. Ce n'est pas facile pour ces enfants, qui sont alors un peu dépassés par les événements et qui, dans l'affolement, peuvent ne trouver d'autre issue que de se faire oublier pour ne pas en rajouter. C'est ce que pense avoir fait Lise, dernière de quatre enfants, aujourd'hui 19 ans, qui, dans sa psychothérapie, évoque régulièrement le conflit d'adolescence qui a opposé son frère aîné à ses parents, conflit que, du haut de ses 9 ou 10 ans, elle ne comprenait pas du tout, mais dont elle ne retenait que l'inquiétante violence.

Enfin, quand les « grands » sont partis, les derniers se retrouvent seuls face à leurs parents, et ce moment, qui correspond le plus souvent à leur adolescence, n'est pas facile, toute l'attention des parents se trouvant alors concentrée sur eux au moment où la question de l'autonomie les taraude : « Ils ne veulent pas me voir grandir », « Ils me traitent comme un bébé » sont des phrases qui reviennent dans la bouche d'adolescents derniers de leur fratrie, qui s'angoissent à l'idée d'être soudain pris au piège de l'amour parental.

L'enfant unique

Tous les enfants rêvent d'être l'unique objet de l'affection et de l'attention de leurs parents. Des enfants uniques rencontrés, peu se plaignent de leur statut ; certains rêvent de relations fraternelles sans conflits ni heurts, le frère ou la sœur imaginés étant représentés comme le compagnon ou la compagne de jeux idéal, avec qui tout s'accorde en parfaite harmonie. « Pendant quelque temps j'ai rêvé que j'avais trois sœurs et que c'était génial... et puis ça m'a passé, dit Laurence, 16 ans. Maintenant je sais que rien n'est aussi parfait ! » Ariane, fille unique de 10 ans, dit, elle, avoir eu très envie d'avoir un petit frère ou une petite sœur quand elle avait 5 ou 6 ans : « À ce moment-là, je le demandais souvent à mes parents, mais, ajoute-t-elle, après j'en avais plus vraiment envie. » Ariane précise qu'elle n'a jamais rêvé d'un frère ou d'une sœur plus âgé, « comme ça, pas besoin d'être commandée », souligne-t-elle. On peut se demander si, d'ailleurs, comme cela est très fréquent, la demande d'Ariane à ses parents « à ce moment-là » ne s'inscrivait pas pleinement dans le registre œdipien plutôt que dans un désir réel d'un frère ou d'une sœur.

Pour les parents, avoir un seul enfant est parfois un choix, pour d'autres, ça ne l'est pas, et ils doivent renoncer à leur projet de famille plus nombreuse, ce qui peut être compliqué et douloureux. Mais quelle qu'en soit la cause, dans la réalité, la position d'enfant unique n'est pas une position simple.

Peu d'auteurs se sont penchés sur le statut de l'enfant unique, mais Daniel Marcelli évoque à ce propos le mythe d'Œdipe, mythe fondateur de la psychanalyse. Œdipe était l'enfant adopté mais surtout unique de Polybe et Mérode, ce qui était rare dans la mythologie grecque. Croyant échapper à son destin, il tue son vrai père, Laïos, et épouse sa mère, Jocaste, avec qui il aura quatre enfants.

Pour Daniel Marcelli : « Être fils unique représente la condition de réalisation du destin œdipien dans sa double visée verticale : ascendante et descendante. Ascendante, c'est la condition d'émergence du complexe d'Œdipe, l'unicité confirmant l'enfant dans la conviction qu'il est l'unique objet d'amour de la mère, le père devenant l'unique rival. Descendante, c'est le contre-Œdipe parental et surtout maternel, la mère se satisfaisant totalement d'un seul enfant qui à lui seul comble ses désirs, signifiant par là même que l'époux père occupe désormais le second rang. En revanche, la naissance d'un second enfant replace *ipso facto* l'époux père au premier rang des investissements de la mère[1]. »

Ainsi l'arrivée de frères et sœurs protège-t-elle l'univers familial de ce fantasme : être l'unique objet du désir de la mère. Elle incite aussi la mère à renoncer à n'être satisfaite que par cet enfant qui la comble, elle confirme le père dans sa place privilégiée auprès de la mère.

Heureusement, beaucoup d'enfants uniques échappent au triste destin d'Œdipe et vivent sans encombre ce statut particulier ! Ce qui peut leur manquer, cependant, c'est d'éprouver auprès d'un frère ou d'une sœur des réactions et des émotions auxquelles ils vont être confrontés à l'extérieur du cocon familial. Les parents

---

[1]. Daniel Marcelli, « Œdipe fils unique », *in Visage de la fratrie*, revue *Adolescence*, GREUPP, Université de Paris VII, UER de Sciences humaines cliniques, 1993, p. 239.

peuvent parer à cela en leur faisant rencontrer le plus souvent possible d'autres enfants, compagnons de jeux qui leur permettront d'être mieux armés pour faire face aux conflits extérieurs. Cela leur évitera aussi de partager trop exclusivement la vie des adultes qui, par bien des aspects, ne leur est pas adaptée, et de devenir des interlocuteurs « adultes miniatures », prenant part aux conversations et à la vie des grands comme s'ils avaient le même âge, se mettant alors souvent en porte à faux avec les autres enfants, mais aussi parfois avec les autres adultes étrangers à leur cercle familier avec qui ils risquent de ne pas bien se positionner.

> Xavier, fils unique de 12 ans, est souvent mal supporté par les enseignants ou les éducateurs qu'il rencontre dans ses activités sportives parce qu'il ne trouve pas la « bonne distance » à prendre avec eux. Il est jugé insolent ou désinvolte, est souvent puni pour son comportement. En parlant avec lui, on voit bien qu'il a du mal à comprendre ce qui lui arrive et ne saisit pas du tout les réactions qu'il suscite.

Depuis sa toute petite enfance, Xavier a été mis par sa famille, ses parents et leur cercle de proches à une place d'adulte, interlocuteur à part entière quelles que soient les situations. Cela lui donne une attitude décalée par rapport à son âge qui peut surprendre et agacer. Mais il n'a aucune raison de comprendre, si personne ne le lui explique, que son attitude crée entre lui et ceux du « dehors » les malentendus dont il souffre aujourd'hui.

La famille nombreuse

Les familles nombreuses sont rares de nos jours. Élever plus de trois ou quatre enfants s'accorde difficilement avec une vie laborieuse et citadine. Les parents de famille nombreuse ont souvent des projets généreux et une vision assez idéalisée du système familial. Sur le plan pratique, objectivement accaparés par le nombre, ils se posent sans doute moins de questions, ce qui favorise, entre les enfants, complicité et solidarité.

Pourtant, malgré ce grand mythe d'harmonie familiale, il y a des difficultés dans les familles nombreuses, et l'on y rencontre aussi des enfants qui souffrent : des aînés sur qui pèse le poids des plus petits, bruyants et accaparants, quand eux aspirent à un peu de tranquillité ; des plus jeunes qui subissent l'agressivité de leurs aînés adolescents, même si elle ne leur est pas directement adressée ; d'autres ont le sentiment d'être complètement transparents, parce que leurs capacités d'affirmation sont moins grandes et qu'ils se trouvent coincés entre des personnalités trop fortes.

> Sébastien est le quatrième de cinq enfants. Il a 11 ans. Son frère aîné a 19 ans, il a deux sœurs jumelles de 16 ans et une petite sœur de 8 ans. C'est un garçon passif, qui s'enthousiasme peu et passe beaucoup de temps devant la télévision. Ses parents, qui s'inquiètent de cette passivité et d'un repli qui va en s'accentuant, décrivent leurs aînés et surtout les jumelles comme des personnalités extraverties et complices. Dans le dessin de la famille, Sébastien ne se dessine pas, « parce que c'est pas la peine ». Il est clair que, pour lui, trouver sa place dans cette fratrie exubérante est difficile. Il pourra dire combien il envie la complicité de ses sœurs et souffre de se sentir exclu. Comprendre qu'il doit trouver sa propre façon d'être dans la famille, sans vouloir se calquer sur des modèles inaccessibles, l'aidera aussi à sortir de son isolement et de sa dépression et lui permettra, encouragé par un entourage très concerné, d'apprendre à s'affirmer tel qu'il est.

Ces souffrances-là peuvent passer inaperçues parce qu'elles sont souvent silencieuses et que les parents n'ont pas toujours la disponibilité d'y réfléchir. Alors, peut-être plus que dans d'autres fratries, est-il utile qu'ils s'efforcent de repérer chez chacun de leurs enfants les dons susceptibles de s'exprimer et qu'ils veillent à respecter les individualités. Dans une famille nombreuse, l'enfant qui sentira sur lui un regard exclusif tirera d'autant plus profit de la formidable richesse que lui offre la rencontre avec toutes ces personnalités différentes...

La jalousie

La jalousie existe, dans les fratries, de façon presque systématique, même si elle s'exprime avec plus ou moins de force. Elle met tout le monde mal à l'aise, et si, très régulièrement, elle est présente dans les entretiens que l'on a avec les enfants ou les adolescents, elle est rarement l'objet de la demande de consultation des parents, qui ont tendance à la nier, sans doute parce qu'elle fait écho à des éprouvés douloureux et refoulés, mais aussi parce qu'elle va à l'encontre du mythe de l'harmonie familiale.

La jalousie est souvent décrite par les psychanalystes comme un déplacement du conflit œdipien ; ainsi, dans *Psychanalyse des contes de fées*, Bruno Bettelheim, à propos de Cendrillon, écrit : « La rivalité fraternelle remplace ici, au cœur de l'intrigue, des complications œdipiennes refoulées[1]. »

Il est clair que c'est l'amour de la mère que l'aîné supporte mal de partager à l'arrivée du deuxième. Comme nous l'avons déjà vu, cela le met en demeure de renoncer à être l'unique objet du désir de sa mère, ce qui n'a aucune raison de lui faire plaisir. Quand la naissance du deuxième coïncide avec le début de la période œdipienne, vers 3 ou 4 ans, la violence des affects est encore plus grande : la mère de Clément, 3 ans et demi, se rappelle avec effroi l'avoir surpris en train de mettre un oreiller sur la tête de son frère fraîchement arrivé de la maternité. Celle de Justine, 3 ans, raconte que les débuts de caresse sur les joues de son jeune frère se transformaient rapidement en claques vigoureuses.

Beaucoup de parents se demandent alors comment réagir. Protéger

---

1. Bruno Bettelheim, *Psychanalyse des contes de fées*, Laffont, 1976, p. 296.

Un garçon de 9 ans. Hyperanxieux. Très jaloux de sa sœur de 6 ans, il dit « je vais la faire en "caricature" ».

Un garçon de 12 ans. Un frère de 15 ans qui est en pleine crise d'adolescence. Lui est très anxieux et inhibé.

Il dessine d'abord son père. Puis son frère : « une armoire à "glace" », sa mère, très petite, enfin lui en dessous, avec des « biceps ».

un nourrisson des attaques dangereuses d'un plus grand est une évidence. Mais, s'il est utile de lui dire clairement qu'il n'a pas le droit de lui faire mal, il convient aussi de l'autoriser à éprouver cet affect violent, de dédramatiser sa réaction agressive et surtout de le rassurer sur la place qu'il continue d'occuper en lui témoignant tendresse et affection. On peut encourager l'enfant à parler de sa jalousie : il est bien que celle-ci se dise, car cette mise en mots permettra d'éviter des passages à l'acte plus violents. En consultation, les enfants sont très soulagés quand on leur dit qu'ils ne sont pas obligés d'aimer leur frère (ou leur sœur), et réjouis qu'on les autorise même à penser qu'ils seraient contents de le « passer par la fenêtre ». Leur préciser qu'ils n'ont pas pour autant le droit de le faire achève de les rassurer et peut leur donner l'envie d'exprimer la tendresse qu'ils éprouvent « en même temps », car l'ambivalence, c'est-à-dire la coexistence de l'amour et de la haine à l'endroit d'un même objet, domine les rapports entre frères et sœurs et doit rassurer les parents : les enfants jaloux peuvent connaître aussi complicité et connivence. Il ne faut pas oublier ces moments-là.

Parfois, cependant, la jalousie s'éternise ou se renforce. Quand les attaques se multiplient, se font systématiques, que la jalousie, loin de s'apaiser, enfle et devient violence, les parents doivent absolument s'efforcer de la tempérer ; ils peuvent redire les interdits et marquer le coup s'il y a transgression et si l'agressivité est mise en acte. Car les traces d'un tel conflit risquent d'être profondes, autant pour celui qui l'éprouve que pour celui qui le subit. À l'adolescence, elle s'exprime moins dans des bagarres franches que dans une agressivité verbale plus insidieuse à laquelle il faut être vigilant. La jalousie peut alors prendre des aspects tout à fait pathologiques et gâcher la vie de celui qui en est la victime. Le jaloux, parfois dans l'indifférence générale, souvent dans une résignation complice, sait au quotidien distiller son venin.

> Vincent, 11 ans, est victime de la jalousie de son frère aîné, 14 ans, et en souffre : il a des tics et des difficultés de concentration qui

gênent sa vie scolaire. Il a l'air triste et décrit avec lassitude le harcèlement de son frère : « Quand je viens parler à maman, il dit qu'il était là avant, si je demande de l'aide pour mon travail, il arrive et moi je dois attendre. Il me traite de gros porc. Comme moi j'aime bien dessiner, il me dit que je suis nul, que je dessine comme un bébé de trois ans. »

Ces petites phrases assassines sont très souvent étiquetées « taquineries » par les parents, qui cherchent à les banaliser, mais la « taquinerie » systématique fait partie de ces comportements agressifs bien « socialisés » et acceptés alors qu'à la longue elle peut pourtant être nuisible et insécurisante pour celui qui en est la cible. Sous le couvert de plaisanterie, certaines phrases dénigrantes : « T'es moche, t'es nul », sont réellement blessantes. On peut expliquer au « taquin » que les effets produits sur l'autre sont plus profonds qu'il ne l'imagine, et, s'il ne comprend pas, il doit être sérieusement remis à sa place. Car, sans faire immédiatement un drame de simples moments de rivalité, les parents doivent s'efforcer de discerner une jalousie plus pathologique et recourir alors à une aide extérieure ; ce type de jalousie suscite de trop grandes souffrances pour être ignoré : mal-être, sentiment d'infériorité, voire dépression chez celui qui en est l'objet, mais aussi culpabilité intense chez celui qui ressent cet affect violent.

Préférences et comparaisons

L'enfant jaloux est persuadé qu'un de ses parents ou, pis encore, les deux préfèrent réellement un frère ou une sœur : « Arthur, c'est le chouchou de maman », dit Jean d'un air dégoûté, « Chloé, c'est la favorite », énonce Thomas doctement. Bien sûr, les parents s'insurgent contre de telles déclarations et rares sont ceux qui avouent une préférence, qu'ils éprouvent, si tel est le cas, dans la culpabilité. Les préférences marquées, comme celles décrites par Hervé Bazin dans *Vipère au poing* ou celles qui débouchent sur la maltraitance dont nous parle avec pudeur et courage David Bisson dans *L'Enfant derrière la porte*, sont toujours pathologiques et font écho à des sentiments mal maîtrisés à la génération précédente, à des carences affectives ou à des traumatismes graves dans le passé du parent maltraitant.

> « Elle était jeune quand elle m'a eu. Seule. Sans homme. Et moi sans père. Elle ne voulait sûrement pas d'enfant à ce moment-là. Cela a dû être dur pour elle. Elle m'a fait payer son malheur. On fait toujours payer son malheur. On fait toujours payer son malheur, non ?[1] »

David Bisson, qui écrit ces lignes, a passé huit ans de sa vie enfermé dans un placard, battu et maltraité par une mère incapable de l'aimer, lui, alors que son jeune frère bénéficiait d'un traitement « ordinaire ».
Sans en arriver à de pareilles extrémités, il est tout à fait normal d'aimer chaque enfant différemment. Les enfants naissent à des moments différents de la vie de leurs parents, certains caractères s'accordent mieux entre eux, certaines aspirations parentales reçoivent un écho très favorable chez un enfant et pas du tout chez l'autre, il n'y a aucune raison pour que les liens se tissent de façon tout à fait identique. L'important reste de repérer au mieux les besoins de chacun et d'essayer d'y répondre au plus juste, ce qui n'est pas toujours le cas.

> La mère de Romain, 9 ans, consulte car son fils s'intègre mal en CM1 où il est considéré comme insolent et agressif. Quand elle parle de lui, elle se désole car il ne fait rien de ce qu'elle souhaiterait qu'il fasse : il ne lit pas un livre, ne s'intéresse pas à son travail, n'aime que sa console de jeux. Elle le compare à sa sœur aînée, 11 ans, un modèle de maturité et de réflexion. Romain ne partage pas cet enthousiasme : « À la maison, il n'y en a que pour Aline, qui ne se fait jamais gronder alors qu'elle fait tout par-derrière ! »

---
[1]. David Bisson, *L'Enfant derrière la porte*, Grasset, 1993, p. 127.

La mère de Romain semble admettre difficilement d'avoir deux enfants aussi différents, oublie sans doute que son fils a deux ans de moins que sa sœur, et ne soupçonne pas qu'en donnant Aline comme modèle à son frère elle ne fait qu'attiser les tensions et renforcer un comportement d'opposition qui s'exprime même à l'école. Romain ne sera jamais le double de sa sœur, et c'est tant mieux pour lui. En lui reconnaissant le droit d'être différent, en admettant qu'il est plus jeune, moins mûr et a d'autres besoins, sa mère apaiserait la jalousie qui assombrit Romain et ternit leurs rapports. Car, de toute façon, la comparaison n'est jamais un bon moteur ni un moyen efficace d'obtenir un changement de comportement. Quand on dit à un enfant : « Regarde comme ton frère est ordonné », il comprend : « Regarde comme ton frère est tellement mieux que toi » et se sent humilié et dévalorisé. Il peut, d'un propos d'apparence anodine, tirer des conclusions beaucoup plus graves et souffrir bien inutilement.

On le voit, la fratrie est donc un groupe social inédit et complexe où circulent à la fois beaucoup d'amour et beaucoup d'agressivité. Malgré sa complexité, elle n'en est pas moins une richesse à la fois pour les parents et pour les enfants : pour les parents, qui ne focalisent pas sur un seul enfant toutes leurs attentes, qui apprennent à relativiser les situations et à réinterroger certains a priori, pour les enfants, qui s'exercent au sens du partage, ne se sentent pas le point de mire exclusif de leurs parents et expérimentent auprès de leurs frères et sœurs des sentiments qu'ils sont appelés à connaître à l'extérieur. Pour tous, elle doit être une ouverture à l'altérité, une porte ouverte à la différence. Mais, là encore et surtout, les parents ont, quoi qu'on ait pu dire, un rôle actif à jouer et n'ont pas à laisser les enfants tout régler par eux-mêmes ; ils restent en effet les garants d'un certain équilibre entre les uns et les autres et doivent assurer que chacun respecte les droits, l'espace et la liberté de chacun.

VII
DONNER LES BONNES RÉPONSES

Les enfants posent des questions et attendent des réponses. C'est une évidence souvent facile à satisfaire quand ils sont petits et qu'ils découvrent le monde extérieur : Pourquoi le soleil se couche-t-il ? Comment la vache fait-elle le lait ? Pourquoi faut-il dormir ? Comment marche le téléphone ?... Les enfants peuvent passer des heures à interroger les adultes sur le fonctionnement des choses, et ceux-ci s'émerveillent de tant de curiosité !
L'enfant pose aussi des questions plus existentielles : comment fait-on les bébés ? Pourquoi on vit ? Pourquoi on meurt ? Il interroge aussi ses parents sur leur histoire, leur passé, leur enfance, celle de ses grands-parents, parfois il les questionne sur leur vie présente, leur travail, leurs sentiments ; la séparation de ses parents est souvent un moment où il interroge encore davantage : Comment ? Pourquoi ? Est-ce pour toujours ? À qui la faute ? La maladie et la mort d'un proche suscitent aussi chez lui bien des questions, quand ce n'est pas sa propre maladie si elle le frappe.
Françoise Dolto a montré, et avec quel génie, que les questions des enfants devaient être entendues par les adultes et que certains troubles de l'enfant venaient des non-dits, des silences, des secrets qui tissaient un voile opaque entre les enfants et leurs proches et parfois les empêchaient de vivre. Elle s'adressait aux enfants d'une façon qui n'appartenait qu'à elle, sans détour ni mièvrerie, et elle leur parlait de leur vie et de leur souffrance. Très médiatisée,

surtout dans la dernière partie de sa vie, certains ont parfois tiré de ses propos des conclusions erronées qui ont semé la confusion dans la tête de parents qui ont pu croire, alors, que leurs enfants devaient être considérés comme des adultes, capables de tout savoir et de tout entendre, sans nuances et sans discernement.

Je crois qu'il est important de rappeler que **si les enfants doivent connaître absolument les informations qui les concernent, celles qui ont un lien avec leur origine et leur devenir, il n'est pas question pour autant de « tout » leur dire ; là encore, ce ne sont pas des grandes personnes !**

Les secrets de famille, quand et comment leur dire ?

Certains événements familiaux, ceux dont on a honte, sont passés sous silence, on n'en parle pas aux enfants, on n'en parle pas du tout, d'ailleurs, très souvent dans le but de les protéger, parfois afin de préserver l'image de celui ou de celle que ce secret concerne : tel grand-père est allé en prison, telle grand-mère a été internée pour maladie mentale, tel oncle n'est pas mort dans un accident de voiture mais s'est suicidé, tel père a un enfant d'une précédente union mais n'en a jamais parlé.

Il y a beaucoup de souffrances derrière ces histoires que les parents cachent à leurs enfants mais qui transparaissent par moments dans leurs réactions abruptes, leur anxiété, leur émotion mal contenue, que les enfants repèrent et qui leur indiquent qu'il y a un « secret », une énigme.

> « Dès que je parlais à mon père de mon grand-père et de sa filiation, dit Bruno, il se mettait dans une colère terrible et demandait qu'on lui fiche la paix. » Son père et ses oncles sont morts sans que Bruno sache qui était le père de son grand-père, enfant naturel, ni pourquoi celui-ci avait officiellement changé de nom à un moment de sa vie. Bruno, lui, a parlé à ses enfants qui

l'interrogeaient sur les origines de leur nom de famille, mais avoue ne s'être pas senti très à l'aise devant le flou qu'il ne pouvait guère lever.

Révéler un secret de famille à un enfant est important car il a le plus souvent l'intuition d'une dissimulation. Encore faut-il trouver les mots qui correspondent à son âge. Si l'essentiel doit lui être dit clairement, certains détails ne le concernent pas. Aux parents de faire le tri : dire à Raphaël, 8 ans, qui évoque souvent la mort de son oncle qui était aussi son parrain, qu'il ne s'est pas tué en voiture mais qu'il s'est suicidé, lèvera chez lui l'interrogation qui planait, mais lui donner, à cet âge, les détails d'une mise en scène sordide n'est guère nécessaire.

Quand il s'agit de ses origines, c'est dès son plus jeune âge qu'il faut trouver les mots justes et adaptés pour dire la vérité à l'enfant. Un enfant adopté doit l'avoir toujours entendu même si les informations sur le comment ou le pourquoi de la procédure pourront lui être livrées plus tard, en fonction aussi de ses questions et de son intérêt, car l'annonce tardive et brutale d'une révélation sur ses origines peut être très troublante pour l'enfant, même si celle-ci est faite dans les meilleures intentions.

> Je rencontre Nadia, 16 ans, à l'hôpital, dans le cadre d'un entretien pré-IVG. Elle évoque toute son ambivalence à l'idée de son avortement, parle de son désir d'enfant, du besoin, dit-elle, « d'avoir un enfant rien qu'à moi ». C'est alors qu'elle évoque son histoire : « À 13 ans, mes parents m'ont dit : viens là. Il y avait mon oncle et ma tante. Ils m'ont dit : voilà, ton père c'est ton oncle, ta mère c'est ta tante. Je ne comprenais rien, je ne savais plus qui j'étais. »

Nadia, dans ce désir d'enfant « rien qu'à moi » qu'elle évoque, essaie de réparer le sentiment de perte d'identité que la révélation tardive de ses parents a éveillée chez elle. Pour elle, il y a urgence, et cette grossesse précoce, qu'elle souhaite sans pouvoir l'assumer dans la réalité, est pour elle la promesse d'une identité retrouvée.

Que dire sur la séparation ?

L'annonce de la séparation ou du divorce de ses parents est l'occasion pour l'enfant de leur poser de nombreuses questions : c'est pour lui un moment de bouleversement, il s'inquiète et veut être rassuré. Même si certains cherchent à cacher leurs sentiments, la séparation, qui implique le départ d'un parent, leur apporte amertume et tristesse. Certains parents annoncent leur décision ensemble, ce qui a au moins le mérite de montrer à l'enfant qu'ils peuvent encore se parler et avoir un discours commun. D'autres préfèrent lui parler séparément. **À chacun de sentir ce qui lui convient le mieux pourvu de garder en tête qu'il se trouve devant un enfant et que les propos, là encore, doivent rester adaptés à son âge et n'être axés que sur ce qui le concerne lui, l'enfant** : Avec qui va-t-il vivre ? Comment et quand verra-t-il l'autre parent ? Changera-t-il de maison ? Restera-t-il dans la même école ? Ce sont ces questions-là, celles qui touchent à sa vie quotidienne, celles qui sont des repères essentiels pour qu'il ne se sente pas trop perdu, qui doivent être abordées avec lui. Les détails sur le pourquoi de la mésentente sont inutiles et rajoutent le plus souvent à la détresse ; la vie privée de ses parents ne le regarde pas, et, là encore et plus que jamais, le principe de l'interdit de l'inceste doit être présent et préserver l'enfant des confidences de ses parents sur leur vie sexuelle.

Parfois les parents s'insurgent contre de tels principes : « Benjamin n'arrête pas de me poser des questions sur le divorce, il faut bien que je lui réponde », me dit cette mère qui abreuve son fils de détails sur le conflit houleux qui l'oppose au père de l'enfant. Mais ce n'est pas parce que les enfants posent des questions qu'il faut tout leur dire ! La mère de Benjamin peut très bien répondre à son fils que certaines questions resteront sans réponse car elles ne le regardent pas. Les enfants sont trop contents de sentir leurs parents capables de régler eux-mêmes leurs problèmes... En revanche, quand l'un des parents va mal parce que l'épreuve est particulièrement douloureuse pour lui, autant qu'il exprime simplement son malaise en assurant cependant à l'enfant que lui n'y est pour rien et qu'il va tout faire pour que cet état ne s'éternise pas. Le remariage ou la reprise d'une vie commune avec quelqu'un sont parfois l'occasion de questions acides de la part de l'enfant, qui voit souvent le nouvel arrivant d'un mauvais œil, d'une part parce qu'il perd la place privilégiée que, bénéfice secondaire du divorce, il avait trouvée auprès de son père ou de sa mère, d'autre part parce que cela signe la fin d'une espérance qui peut se prolonger très longtemps : celle que les parents reprennent la vie commune. Le parent n'a pas à justifier son choix, ni surtout, comme je l'ai déjà dit (voir chapitre II), à faire porter à l'enfant le poids de ses décisions qui sont des décisions d'adulte, mais il doit le laisser libre de ses sentiments et laisser du temps au temps...

Questions autour de la maladie et de la mort

Les questions qui touchent à la maladie ou à la mort d'un proche angoissent les adultes, et il n'y a aucune raison qu'elles n'inquiètent pas les enfants. La mort d'un grand-parent est une épreuve douloureuse pour les enfants, plus intense pour ceux d'entre eux qui entretenaient des rapports particulièrement affectueux avec celui qui vient de mourir. Les parents ne feront pas l'impasse de cette souffrance et doivent pouvoir répondre simplement aux questions de leurs enfants en fonction de leur âge et de leurs croyances personnelles. Il faut se méfier de quelques formules convenues et un peu vagues qui peuvent laisser perplexe un jeune enfant aux prises avec son imaginaire : parler de « dernier sommeil » à un enfant peut semer le doute dans son esprit et lui laisser penser que dormir peut être bien inquiétant...

> Marie, qui a perdu une grand-mère dont elle était très proche quand elle avait 10 ans et à qui l'on avait dit, pour la consoler : « Elle est au ciel et elle te regarde », se rappelle, dix ans plus tard, l'effroi dans lequel l'avait plongée cette parole de consolation, persuadée d'être désormais soumise à sa surveillance constante.

Françoise Dolto aimait cette formule : « Il ou elle a cessé de vivre », et il est vrai que les enfants jeunes se satisfont très bien de cette logique puisqu'elle leur signifie que, comme les histoires qu'on leur raconte, la vie a une fin.
Quand c'est l'un des parents qui meurt, l'épreuve devient traumatisme, et plus que jamais l'enfant a besoin d'adultes solides qui le soutiennent et « entendent » ses questions, il a besoin que l'on contienne ses peurs, nombreuses et souvent diffuses.

> Élisabeth, dont le père est mort brutalement quand elle avait 10 ans, a surtout en tête, maintenant qu'elle est adulte, ce sentiment de peur, de perte de repères qu'elle a éprouvé devant le désastre, sans qu'aucun adulte responsable ne vienne prononcer pour elle des paroles rassurantes. « Personne ne voyait cette panique, dit-elle, mais elle m'est restée longtemps, bien dissimulée dans des phobies que je m'arrangeais aussi à cacher. »

La mort d'un frère ou d'une sœur est également traumatisante puisque, en plus, se mêle souvent une ambivalence très culpabilisante. Mais quel que soit le lien de parenté, parent, frère ou sœur, quel que soit le tremblement de terre que cela représente pour lui, l'enfant n'a pas les mêmes réactions que l'adulte et son attitude peut paraître étrange, voire indifférente. C'est que, parfois, l'enfant veut « zapper » sa souffrance, faire comme si elle n'existait pas.

> Bastien, 6 ans, vient de perdre son grand frère de 11 ans dans un accident. Ses parents le lui ont annoncé en même temps qu'à sa sœur de 9 ans et, comme elle, il a pleuré un moment. Le jour de l'enterrement, assis à côté d'un cousin du même âge, il fait l'idiot

et ricane, attitude que ses parents n'ont pas commentée avec lui et qui les laisse très désemparés.

Bastien n'a rien d'un monstre insensible, mais, devant tant d'émotion et de douleur, sa défense est de faire « comme si » l'événement n'existait pas et de trouver dans le rire et la complicité avec un enfant du même âge un moyen de l'éviter. Ses parents ou d'autres adultes de son entourage doivent, malgré son apparente désinvolture, rester vigilants, proches et attentifs, prêts à saisir la moindre occasion de lui faire exprimer son désarroi pour qu'il ne s'enferme pas dans une attitude d'évitement systématique, et consulter si cette attitude se prolonge.

Quand la maladie fait irruption dans une famille et qu'elle est grave, il faut en parler à l'enfant, sans jamais oublier qu'il reste un enfant, mais en sachant qu'il est tout à fait capable de se rendre compte s'il s'agit d'une grippe ou d'une maladie grave, étant donné le climat d'anxiété qui règne autour de lui. Dans le cas contraire, muselé par le silence ambiant, il risque de ne pas poser de questions mais d'exprimer son incertitude par des symptômes.

> La mère d'Antoine, 5 ans, a été opérée d'un cancer du sein. Depuis plusieurs semaines, elle s'absente dans la journée pour des séances de chimiothérapie qui la fatiguent beaucoup. Rien n'a été dit à Antoine, si ce n'est que sa maman était un peu malade mais que ce n'était pas grave. Antoine ne pose pas de questions mais a régulièrement des maux de ventre. Le médecin de famille, consulté, a fait un lien avec la maladie de sa mère. Ce médecin avait raison, car le silence de ses parents, dans le but de le protéger, a contraint Antoine lui aussi au silence, et sa légitime inquiétude n'a pu s'exprimer que dans des plaintes somatiques.

Que répondre, enfin, à un enfant malade qui s'interroge sur une maladie qui menace sa vie ? La situation est si dramatique pour tous, si accablante, que c'est souvent la loi du silence qui prévaut, même si la raison et la sagesse veulent qu'on lui doive une vérité.

Est-il possible de dire sa mort à un enfant ? Je ne le sais pas, et je serais surprise que quelqu'un pense qu'il n'y a qu'une seule bonne réponse. L'âge de l'enfant, sa maturité, l'état d'esprit de ses parents, leurs modes de défense par rapport à leurs propres angoisses, leurs croyances sont autant d'éléments qui vont influer sur ses réactions et ses interrogations. Médecins et psychologues des services d'oncologie pédiatrique, notamment, poursuivent leur réflexion et s'efforcent de décrypter les demandes de l'enfant en fin de vie pour éviter qu'il ne s'isole et apaiser au mieux l'angoisse qui l'étreint ou la dépression qui s'installe, car il est certain que l'évitement de l'angoisse de l'enfant est la pire chose pour lui.

Philippe Forest, qui évoque la maladie et la mort de sa fille de 4 ans dans *L'Enfant éternel*, parle mieux que quiconque de l'intuition de l'enfant devant sa maladie et du silence tacite, mais peut-être nécessaire, qui s'installe quand la mort rôde.

« Que sait-elle, dans son cerveau d'enfant, de la gravité de la situation ? Peut-être déguise-t-elle sa panique en audace, son désespoir en allégresse. Peut-être imite-t-elle ses parents, peut-être est-ce leur propre joie affectée qu'ils lisent, sans la reconnaître sur ses traits. Son courage rend possible leur courage et, à son tour, se nourrit de lui. Dans la grande désolation du mal, elle ne les abandonne pas et eux ne l'abandonnent pas. C'est leur alliance tenue secrète. » Et, plus loin : « Pauline veut savoir ce qu'on lui fait. Elle interroge, se fait expliquer, conteste parfois. Mais sur l'essentiel elle ne dit jamais rien... Elle épargne à ceux qui l'entourent l'expression de ses craintes[1]. »

Dans son récit, Philippe Forest montre bien l'absurdité des certitudes en de telles circonstances, mais on admire à quel point lui et sa femme ont su rester des « parents », et non pas, comme il le dit lui-même, « des petits enfants pleurant dans le noir ». Ils ont su être des adultes contenants, présents, rassurants, ne faisant jamais défaut à leur fille et lui conservant, malgré tout, son univers

---

1. Philippe Forest, *L'Enfant éternel*, Gallimard, 1997, p. 75.

d'enfant fait de jeux, de poésie et d'imaginaire. Et, s'ils n'ont pu évoquer avec elle sa mort prochaine, ils l'ont toujours tenue informée, sans tromperie, de sa maladie et des traitements qui étaient nécessaires. Car ce qui est certainement une aide pour l'enfant qui doit affronter une maladie grave, c'est qu'on l'informe simplement sur celle-ci, avec des mots qu'il peut comprendre sans risque de fausse interprétation, c'est qu'on ne cherche pas à le tromper, qu'on ne minimise pas exagérément un acte médical douloureux, qu'on ne triche pas sur la durée d'une hospitalisation : ce qui semble essentiel, c'est que l'enfant garde confiance dans la parole de l'adulte qui lui parle.

Une demande peut en cacher une autre

Les enfants ont souvent des demandes qui n'impliquent pas forcément qu'on les prenne au pied de la lettre et qui méritent parfois que l'on aille un peu au-delà pour voir si, derrière, se cache un besoin réel, un manque qu'ils auraient du mal à dire autrement. Les enfants, en effet, ont tendance à exprimer leurs demandes de façon très concrète, ce qui peut mettre leurs parents sur de mauvaises pistes.

> Anne, mère de famille de quatre enfants et qui exerce une profession libérale, se rappelle que sa fille de 7 ans l'accueillait systématiquement à son retour du travail, et quelle que soit l'heure de ce retour, par un « j'ai faim » auquel elle répondait en lui donnant aussitôt quelque chose à manger. Jusqu'au jour où elle a compris que cette demande signifiait simplement d'une façon très concrète que sa mère lui manquait.

Combien de parents m'ont demandé si je pensais que ce serait bien pour leur enfant qu'ils aient un chien ? C'est, en effet, l'une des demandes très courantes des enfants qui voient en lui le compagnon de jeux idéal, grosse peluche vivante, capable de leur apporter chaleur et réconfort. Ce n'est pas toujours possible, puisque l'animal demande de la place et du temps, ce qui manque souvent cruellement à bon nombre de citadins. Quand cette demande devient très obsédante, il faut s'interroger sur ce que l'enfant réclame vraiment et quel « problème » il compte régler avec son animal.

> Judith, 10 ans, affronte une situation familiale tourmentée, puisque son père est malade, au chômage, et qu'elle s'entend mal avec sa sœur de 13 ans. C'est une enfant très vive et mûre qui a demandé elle-même à sa mère de « parler à quelqu'un ». Dès la deuxième séance, elle va évoquer son désir d'avoir un chien, cherchant mon appui pour convaincre sa mère... Si celle-ci avait répondu à Judith « au pied de la lettre », il est probable que Judith n'aurait pas exprimé ses peurs, verbalisé sa souffrance, et qu'elle aurait été probablement déçue de voir que ce chien tant rêvé ne la comblait pas autant qu'elle l'avait souhaité.

Il est vrai cependant qu'un animal peut apporter beaucoup à un enfant et qu'il peut jouer le rôle de miroir dans lequel l'enfant se sent désiré et aimé ; mais, si l'enfant souffre d'une carence affective, il serait dommage que les parents utilisent l'arrivée d'un animal pour compenser leurs propres défaillances et comptent sur lui pour tout arranger à leur place. Ces parents risquent d'être fort déçus par le résultat s'ils ne cherchent pas d'abord à se remettre en question pour voir comment mieux répondre, eux, aux besoins de leur enfant.
De même, certains parents peuvent être tentés d'adopter un animal quand leur enfant leur réclame un petit frère ou une petite sœur. Là encore la réponse est douteuse, car ce genre de demande veut rarement dire qu'un enfant souhaite que ses parents aient un autre enfant dans la réalité, surtout quand elle s'énonce autour de la période œdipienne. Elle est alors plutôt une interrogation détournée sur la sexualité des parents, l'expression déguisée du

fantasme de la « scène primitive » dans lequel tout enfant imagine « ce qui se passe » derrière la porte close. Cette demande peut être aussi, pour l'enfant, l'envie d'entendre au contraire ses parents lui dire leur contentement de sa présence à lui, à un moment où il se sent peut-être « insuffisant ».

Il est donc souvent prudent et plus perspicace de ne pas répondre trop vite aux demandes des enfants. Là encore il ne faut pas oublier que, loin de raisonner comme des grandes personnes, ils adoptent une logique qui n'est pas celle des adultes et qu'ils prennent parfois des chemins détournés pour obtenir les réponses qu'ils attendent, le plus souvent sans le savoir puisqu'elles étaient enfouies dans leur inconscient.

VIII

LE MYTHE DE L'HARMONIE, LA PEUR DU CONFLIT

Ce n'est pas parce qu'il ne faut pas prendre les enfants trop tôt pour des grandes personnes qu'il ne faut pas les aider à devenir des grandes personnes... L'évitement systématique du conflit n'aide pas les enfants à grandir. Or les parents rencontrés en consultation à l'occasion des difficultés de leurs enfants semblent de plus en plus mal supporter les conflits qui peuvent éclater entre eux et leurs enfants. Sans doute parce que leur environnement est violent, que souvent, dans leur travail, rien n'est jamais acquis ou ne s'acquiert facilement, ils rêvent chez eux d'un climat harmonieux, sans heurts ni tension. Ils rêvent d'harmonie... On peut les comprendre !

Le conflit est nécessaire

Les enfants grandissant et atteignant l'adolescence, le rêve devient malheureusement de plus en plus inaccessible : la réalité est là avec ses affrontements, ses colères, ses bouderies, ses larmes et souvent ses cris... Mais ces affrontements sont nécessaires, et l'harmonie à tout prix est un danger insidieux dont il faut se méfier. Les affrontements permettent de grandir et aident à devenir des grandes personnes !
Quand on parle d'harmonie, on pense au livre de Fritz Zorn, *Mars*,

dans lequel l'auteur évoque une enfance si aseptisée et vide de tout conflit qu'elle lui fait horreur et qu'il n'en réchappera qu'en tombant malade, ce qui est parfois l'issue d'un conflit psychique, même si ce n'est pas la meilleure : « J'ai grandi dans un monde si parfaitement harmonieux que même le plus fieffé harmoniste en frémirait d'horreur. (...) La question qui menaçait ma famille se présentait ainsi : être en harmonie ou ne pas être[1]. »

Tout au long de ce livre remarquable, l'auteur démontre bien comment, dans ce climat familial, toute opposition était impossible, toute divergence même, car elle aurait entraîné une discussion : « Nous ne pouvions pas nous disputer car nous ne savions pas », dit-il. Incapable d'affronter un monde radicalement différent de celui *rêvé* par ses parents, Fritz Zorn exprimera par sa maladie la violence de sa rébellion.

Sans être dans l'évitement absolu de tout conflit, il est probable que bien des parents ont au fond d'eux le rêve d'une éducation toute lisse, sans aspérités, et que trop souvent ils n'osent pas affronter leurs enfants qui, eux, n'attendent que cela, surtout quand vient le temps de l'adolescence. « Grandir est par nature un acte agressif, dit Winnicott, qui ajoute : Si dans le fantasme de la première croissance il y a la mort, dans celui de l'adolescence il y a le meurtre[2]. »

> Virginie a 16 ans. Elle ressemble à ces adolescentes longilignes et un peu diaphanes, dont la minceur est accentuée par des tenues toujours noires... Elle est la fille unique de parents divorcés qui ont chacun refait leur vie et qui, malgré leur séparation, entretiennent des rapports courtois. La mère de Virginie a eu d'autres enfants, contrairement à son père. Depuis le divorce de ses parents, quand elle avait 5 ans, Virginie a vu son père de façon très régulière, un week-end sur deux, une ou deux fois dans la semaine et pendant une partie des vacances scolaires. Jusqu'à l'âge de 15 ans, Virginie est décrite par ses parents, et surtout par

---

1. Fritz Zorn, *Mars*, 10/18, p. 37.
2. Donald Winnicott, *Processus de maturation chez l'enfant, op. cit.*

son père, comme une enfant modèle, « la fille dont on rêve, toujours contente et affectueuse ». Aujourd'hui il est effondré : Virginie est odieuse, elle répond, fait la tête, quand elle ne refuse pas carrément de venir chez lui parce qu'elle a quelque chose de mieux à faire. « Je ne sais plus quoi faire », dit-il tristement.

Ce père doit comprendre que sa fille est à l'âge où non seulement elle ne l'idéalise plus comme lorsqu'elle était enfant, mais en outre elle a besoin de le dévaloriser pour mieux mettre à distance les fantasmes incestueux œdipiens inconscients, et dont l'intensité pulsionnelle est forte à l'adolescence, mais il ne doit pas pour autant contenir sa colère quand elle franchit la ligne et qu'elle devient grossière : ce conflit-là n'est pas vain, il l'aide à grandir. Ce qu'il doit mettre de côté, en revanche, c'est la rancune ou le ressentiment, l'indignation devant l'« ingratitude » ; il doit abandonner l'idée du « donnant-donnant », renoncer à la reconnaissance de son amour et au « regarde ce que j'ai fait pour toi ».
L'éloignement progressif du préadolescent, puis de l'adolescent, et les conflits qui l'accompagnent sont naturels : il déserte la maison et s'attache à d'autres lieux, d'autres gens, la famille n'est plus au cœur de son univers affectif. Comme le père de Virginie, certains parents se sentent frustrés, dépossédés, ils vivent cette étape comme une perte d'amour douloureuse alors qu'il ne s'agit que d'un réaménagement des liens : c'est simplement le moment d'accepter de les voir grandir et s'éloigner, parfois avec fracas, car les conflits avec leurs parents permettent aux enfants d'affronter les autres à l'extérieur ; c'est aussi pour cela qu'ils les recherchent et que les parents ne doivent pas systématiquement les éviter.
Françoise Dolto, souvent un peu provocatrice, pensait que c'était quand les enfants trouvaient leurs parents parfaits qu'il fallait s'inquiéter. Et il est vrai que les enfants peuvent penser que leurs parents ont tort sans que pour autant ceux-ci soient rongés par le remords ou la culpabilité, à partir du moment où ils abordent les situations de façon sincère et authentique : il n'y a pas de parents

parfaits et il n'y a pas d'éducation sans heurts... Il faut d'ailleurs être d'autant plus tranquille avec cette idée que ce sont les parents les plus « parfaits » qui sont parfois les plus difficiles à supporter à l'adolescence, car ils ne laissent pas la marge nécessaire à l'opposition. Ces parents tellement « bien », si ouverts, si compréhensifs, tellement appréciés de tous, à commencer par les amis de leurs enfants, qui ont toujours réponse à tout, ne sont pas forcément des parents qui aident à grandir, dans la mesure où leurs enfants sont muselés par tant de perfection !

Des divergences salutaires

Les enfants aiment bien sentir l'entente parentale, la complicité, la tendresse. Ce n'est pas pour autant qu'ils ne doivent pas être confrontés aux divergences de points de vue, d'opinions, de caractères, de sensibilité qui peuvent exister chez leurs parents.
Il est souvent très utile de le rappeler, surtout aux mères, qui ont tendance à regretter que le père de leur enfant « s'en occupe aussi peu », mais qui, dès qu'il intervient, lui démontrent qu'il s'y prend de travers et lui expliquent ce qu'il devrait faire, c'est-à-dire faire comme elles ! Outre le fait que cela en décourage plus d'un, pourquoi éviter à l'enfant de se confronter avec son père tel qu'il est ? Il est bon pour lui qu'il sache qui est son père, quelles sont ses exigences, ses manies, ses enthousiasmes, ses humeurs, ses faiblesses.

> Brune a 9 ans. Elle a deux grands demi-frères, nés d'un premier mariage de son père, mais elle est la fille unique de sa mère, qui l'a eue tardivement. Elle fait le bonheur de celle-ci, qui s'en occupe avec une attention sans faille malgré un travail intéressant et assez prenant. Brune est d'ailleurs une enfant charmante, ouverte et curieuse de tout. Elle a cependant des angoisses quand elle se sépare de sa mère, qui s'expriment par des maux de ventre mais qui peuvent prendre une tournure plus aiguë : sentiment de malaise intense, sanglots, vomissements.

Le mythe de l'harmonie, la peur du conflit

Des entretiens avec la mère de Brune vont montrer à quel point il lui est aussi très douloureux de se séparer de sa fille, l'angoisse de séparation de Brune faisant écho à celle qu'elle a pu éprouver dans son enfance ; ils mettront aussi clairement en évidence sa difficulté à laisser le père de Brune, malgré leur bonne entente, s'occuper de sa fille à sa manière : « Si l'on sort et qu'il la fait dîner pendant que je me prépare, cela se termine toujours mal car il l'oblige à terminer son assiette alors que je trouve ça complètement ridicule », donne-t-elle comme exemple.

En voulant protéger sa fille de la maladresse de son père, elle parasite leur relation et reste omniprésente. Brune serait plus paisible si sa mère faisait moins écran entre son père et elle. Celle-ci apprendrait à connaître son père et s'organiserait elle-même pour l'affronter si cela se révélait nécessaire. La mère de Brune, plutôt que d'intervenir sur-le-champ, pourrait aussi expliquer à sa fille qu'elle n'a pas forcément les mêmes exigences que son père dans tel domaine, car chacun reçoit une éducation différente et élève ses enfants avec ses propres références éducatives, mais que c'est sa manière à lui de procéder et qu'elle doit y faire face.

Les enfants peuvent très bien entendre ce genre de discours, qui les ouvre à la différence, à la tolérance, et qui, dès lors, introduit un souffle de liberté possible. En effet, lorsqu'un enfant voit ses parents accepter leurs différences, admettre leurs divergences, il se dit qu'alors lui aussi il pourra être autrement, il pourra être lui-même. Se confronter à des opinions contraires lui apprend aussi à se situer face aux autres à l'extérieur : « Une divergence d'opinion eût été la fin de tout », regrette Zorn dans *Mars*, conscient de la gêne considérable que cette absence totale de conflit lui procura dans ses rapports avec les autres. Des points de vue différents doivent pouvoir, au contraire, être source de richesse, de discussions animées, voire de conflits. Pour les parents, c'est l'occasion de résister aux attaques de leurs enfants et de développer chez eux leur esprit critique. Cette résistance extérieure montre d'ailleurs à l'enfant ses limites, l'oblige à se situer, lui fait prendre conscience de ses forces et de ses faiblesses.

« Je ne supporte pas qu'on ne soit pas d'accord avec moi », me dit Pierre, 15 ans, qui au cours de sa thérapie comprendra que c'est la peur d'être « écrasé par les autres » qui lui donne ses réactions agressives et rigides. Ses parents, qui l'ont toujours abordé avec la plus grande prudence, craignant ses colères à la moindre frustration, se sont surtout protégés eux-mêmes mais ne l'ont pas vraiment armé pour affronter le monde !

Accompagner l'adolescence

L'irruption de la puberté n'amène pas que des conflits à l'extérieur. C'est avant tout avec lui-même que l'adolescent se débat, dans ce formidable chambardement qu'est la crise pubertaire. Un équilibre nouveau est à trouver, et, là encore, les parents doivent être présents et ne pas se leurrer : **si l'adolescent ressemble de plus en plus à une grande personne, ce n'est pas encore vraiment une grande personne, sa recherche d'un nouvel équilibre ne se fait pas sans peine et ses besoins d'étayage sont grands, même si ses demandes de soutien sont rarement claires !**
C'est d'abord dans son corps que l'adolescent va ressentir des tensions, avec l'émergence des pulsions sexuelles et des besoins nouveaux pour les satisfaire. Daniel Marcelli, psychiatre et psychanalyste, qui s'intéresse plus particulièrement à l'adolescence, écrit : « Le corps de l'adolescent a perdu cette quiétude, cette capacité à être satisfait et comblé comme cela pouvait être le cas dans l'enfance[1]. »
L'angoisse vient de cette impossibilité à se référer à l'enfance, de ce plongeon dans l'inconnu : ni le garçon ni la fille ne se reconnaissent dans ce corps pas toujours harmonieux, trop grand, trop

---

[1]. Daniel Marcelli, *in Revue Neuro-psy*, janvier 1998, p. 20.

petit, trop maigre, trop gros. Les filles passent souvent par une phase où porter de grands pulls leur permet de cacher leur poitrine naissante et d'éviter ainsi ce regard des hommes qu'elles supposent sur elles, nouveau lui aussi. Devant la glace, les garçons s'inquiètent de leur visage dont les traits, en se virilisant, ont souvent perdu la grâce de l'enfance. Au début de la puberté, la peur de ne pas être « conforme » n'est pas rare et une visite de routine chez le médecin de famille, qui sera l'occasion d'une conversation avec lui, peut soulager bien des peurs et éviter une anxiété diffuse, avec son cortège de symptômes. L'angoisse vient de toute cette métamorphose inquiétante.

Elle vient aussi des renoncements successifs auxquels l'adolescent doit faire face : ce corps pubère, avec ses attributs sexuels, lui fait perdre définitivement l'illusion d'une bisexualité potentielle, fantasme de l'enfance, et fait tomber par là même le sentiment d'omnipotence que cela lui donnait. Les fantasmes œdipiens reviennent en force, et leur intensité pulsionnelle nouvelle rend impérieux le besoin de réaménager les rapports aux parents : le garçon s'éloigne de sa mère, la fille tient son père à distance. Pour le garçon, renoncer au refuge maternel tendre et protecteur suscite parfois des sentiments d'abandon violents qui peuvent s'exprimer de façon paradoxale par une agressivité d'autant plus intense que la séparation est douloureuse et l'attachement puissant.

À ce stade de développement, l'agressivité arrive d'ailleurs au premier plan, liée elle aussi à l'accroissement pulsionnel. L'entourage la supporte mal, que ce soit en famille ou au collège, et l'adolescent s'efforce de la réprimer.

Repérer les symptômes

Le contrôle de toute cette agressivité qui l'agite et le culpabilise est souvent à l'origine des symptômes rencontrés en clinique de l'adolescence : cette agressivité peut s'adresser aux autres mais aussi se retourner contre lui-même ; c'est l'adolescent qui adopte des « conduites à risque » et se met en danger comme faire de la Mobylette sans mettre de casque, foncer à ski, hors piste, sur les pentes les plus vertigineuses, rouler à perdre haleine sur des rollers au milieu des voitures, quand ce n'est pas se faire traîner derrière les autobus ; c'est aussi se saouler de bière et de hasch. Les troubles des conduites alimentaires chez la fille expriment aussi, mais pas seulement, ce potentiel agressif puissant retourné contre soi. L'agressivité a un autre visage quand elle prend la forme d'une extrême passivité qui tente en quelque sorte de la neutraliser. C'est cet adolescent enfermé dans sa chambre, musique à tue-tête ou casque sur les oreilles, étendu sur son lit, qui fume ses cigarettes, ou cet autre, vautré devant la télévision, s'« avalant » les programmes les plus insipides ou zappant de chaîne en chaîne... Il est clair que le risque dépressif existe dans ce moment d'« inquiétante étrangeté », pour reprendre la formule de Freud, et que la limite entre le « normal » et le « pathologique » est mince. Les parents doivent donc rester attentifs : ne pas dramatiser des situations qui restent « ordinaires » au regard de l'adolescence, mais être alertés par les changements d'habitudes, par les ruptures ; que Frédéric, 16 ans, reste dans sa chambre des heures à écouter de la musique ou suspendu au téléphone n'a rien d'alarmant, mais qu'il s'isole de ses amis, refuse leurs propositions, ne veuille plus aller jouer au foot alors qu'il y prenait encore beaucoup de plaisir il y a quelques semaines, mérite qu'on s'en soucie et qu'on lui fasse part de ce souci.

Philippe Jeammet, qui dirige l'unité d'adolescence de l'institut mutualiste Montsouris, insiste sur le fait qu'il faut parler au nom de sa propre inquiétude pour exiger qu'un adolescent en souffrance accepte les soins dont il a besoin. On ne doit pas en rester aux « il n'y a rien à faire », « il ne veut voir personne », encore trop souvent avancés pour expliquer l'absence de prise en charge d'un adolescent qui, pourtant, en aurait vraiment besoin.

Du rêve à la réalité

À l'adolescence, on peut dire que tous les protagonistes passent du rêve à la réalité : l'enfant et ses parents. Si l'adolescent n'idéalise plus ses parents, les fait tomber de leur piédestal, ce que Winnicott nomme « meurtre parental symbolique », les parents non plus n'idéalisent plus leur enfant, qui les déconcerte et souvent les déçoit dans la mesure où plus que jamais il résiste à leurs projections idéalisantes : Cédric, qui jouait si bien au tennis et que son père accompagnait fièrement dans les tournois, ne s'intéresse plus du tout à la compétition. Marina, passionnée de piano à la grande joie de ses parents, eux-mêmes très musiciens, rechigne à s'y mettre le soir et part à ses cours à reculons... La déception est grande et les regrets de tous ces investissements de temps et d'argent, de tous ces rêves échafaudés, bien présents.

S'il n'idéalise plus ses parents, l'adolescent est à la recherche d'autres idéaux. Ce peut être un groupe d'autres adolescents, ou bien encore une activité artistique reconnue par le « groupe » comme jouer de la guitare ou du tam-tam, par exemple, ce peut être aussi une star du cinéma ou du milieu sportif, ou bien un adulte, moniteur de sport, professeur ou ami des parents, qu'il admire car il représente tout d'un coup tout ce qu'il aimerait être. Mais l'adolescent peut être aussi lui-même le premier objet de cette idéalisation : il oscille entre des moments où il s'idéalise à l'extrême, où il a le sentiment d'être grandiose, où il jubile de ses idées, de ses exploits, et des moments de perte de l'estime de soi, de désespérance de ce qu'il est et de ce qu'il deviendra.

Il est alors très malmené, et la sécurité intérieure acquise dans l'enfance est déterminante, car plus les assises narcissiques de l'enfance seront solides, c'est-à-dire plus ses parents lui auront donné confiance en lui et en la vie, mieux l'adolescent supportera la tourmente et le travail de perte et de renoncement auquel il doit maintenant faire face.

Parfois, il ne peut se dégager des objets œdipiens, le père, mais plus souvent la mère, car les liens se sont tissés sur un mode trop fusionnel.

> Valérie, 16 ans, est la dernière de trois enfants. En fait, elle est la quatrième car ses parents ont perdu avant sa naissance un fils, mort accidentellement à 18 mois. Sa naissance, un an après la mort de cet enfant, a été pour sa mère un immense bonheur, mais, sans le vouloir, elle a attribué à Valérie un rôle de « consolatrice » qui, à l'adolescence, empêche celle-ci de faire, sans une culpabilité massive, le travail de séparation nécessaire.
> Pour Tom, 16 ans lui aussi, la mort de son père, quand il avait 11 ans, empêche un processus de « désidéalisation » : se référant sans cesse à la réussite paternelle, il se vit comme incapable d'affronter les exigences de la vie adulte. Persuadé qu'il ne pourra jamais faire aussi bien, il préfère ne rien faire et saborde ses études qu'il aurait pourtant les capacités de réussir.

Les adolescents sont d'ailleurs angoissés par l'échec peut-être plus aujourd'hui qu'autrefois, car le discours social leur signifie à la fois que « tout est permis » mais les met en même temps, plus que jamais, en demeure d'être performants partout : la levée des interdits exacerbe leurs désirs, mais on les attend aussi sur un autre registre, celui de la réussite, et ils sont hantés par la crainte de ne pas répondre à toutes ces exigences à la fois. Les parents, là encore, ont un rôle à jouer : ils doivent être capables de tenir à distance leurs propres inquiétudes, de rassurer, de « contenir » les angoisses et les débordements de leur enfant, quitte, si cela leur paraît nécessaire, à recourir à un tiers qui pourra parfois utilement prendre le relais.

Faire face à l'adolescent sans se déprimer

Pour grandir, de l'enfance à l'adolescence, l'enfant a surtout besoin de sentir chez ses parents une tranquillité suffisante. Pour le jeune enfant, c'est surtout chez sa mère qu'il doit ressentir cette quiétude. Kathleen Kelley-Lainé, dans *Peter Pan ou l'Enfant triste*, évoque à plusieurs reprises ces mères qui ne peuvent donner à leur enfant le sentiment d'être : « Une mère qui souhaite la mort, une mère qui sauve la vie, deux mères que l'enfant n'arrive pas à quitter. Elles serrent l'enfant ou elles le laissent tomber, à aucun moment elles ne le tiennent de façon à lui donner le sentiment d'être. (...) Pourtant l'enfant porte en lui le rêve d'une mère tranquille et ce rêve deviendra la quête de toute sa vie[1]. » Une mère « tranquille », c'est une mère qui n'attend pas tout de son enfant, qui a une autre vie à côté de la sienne, vie amoureuse, travail, vie sociale, peu importe, mais pour qui l'enfant n'est pas l'unique recours et qui lui signifie que lui aussi peut avoir d'autres rêves ailleurs. À l'adolescence, des parents sereins sont ceux qui n'interprètent pas les désirs d'indépendance de leur enfant comme des signes d'abandon, et qui lui donnent la liberté, si précieuse, de s'opposer à eux sans crainte qu'ils ne se dépriment, car rien sans doute n'est plus un frein pour le tranquille épanouissement de l'adolescent et son chemin vers l'indépendance que la « dépressivité » parentale.

> Fabien consulte avec ses parents. Il a 16 ans et demi, et, en cette fin du mois de mars, le conseil de classe vient de donner un avis d'orientation probable, conséquence d'un redoublement de seconde médiocre. « Je suis effondrée », dit sa mère avant même de s'asseoir et en essuyant ses larmes qui commencent à couler. Fabien, très gêné, regarde ailleurs et soupire que c'est lui « qui devrait se sentir mal ». Fabien, qui reconnaît ne pas avoir travaillé, dit se sentir « coupable » et « énervé » par le chagrin de sa mère, qui, loin de le faire réagir, génère chez lui anxiété et agressivité qui l'empêchent aussi de se mettre au travail. Le bilan sera l'occasion d'en parler tous ensemble et de soulager les tensions. Il mettra aussi en évidence les capacités de réussite de Fabien, s'il consent à se mettre au travail, et restaurera un peu chez cette mère une image positive de son fils et la consolera.

---

[1]. Kathleen Kelley-Lainé, *Peter Pan ou l'Enfant triste*, op. cit.

Un enfant qui doit faire face à la tristesse de sa mère s'en sent très souvent responsable, même s'il n'en est pas la cause ; il perçoit chez elle une fragilité telle qu'il se met en veilleuse, trop soucieux de ne pas en rajouter par ses propres exigences, mais ce contrôle suscite une angoisse qui peut s'exprimer dans des symptômes comme des troubles du sommeil, par exemple.

> Lisa a 4 ans et demi. Elle vient avec sa mère parce qu'elle dort mal. Sa mère dit combien Lisa est une petite fille « facile », mais ne comprend pas ces réveils nocturnes qui, ajoute-t-elle, l'épuisent. Disant cela, elle se met à pleurer. Lisa ne bouge pas. Elle écoute alors sa mère évoquer la mort de sa propre mère, dont elle était très proche, il y a un peu plus d'un an. Expliquer à Lisa qu'elle n'était en rien responsable de la tristesse de sa mère a permis à cette enfant une immense détente qui a favorisé un sommeil paisible.

La dépression de la mère de Lisa était réactionnelle à la mort de sa mère. Il est probable qu'avec un peu de temps elle retrouvera la sérénité. Mais combien de parents, sans vivre de grands drames, tiennent aujourd'hui à leurs enfants un discours pessimiste, sans gaieté, sans espoir.
« Pour mon père le monde est peuplé d'imbéciles », dit Ivan, 15 ans, qui ne voit pas bien l'utilité de travailler et traîne un cafard depuis déjà plusieurs mois. Méfions-nous des propos définitifs qui ferment la porte aux projets, à l'espoir. L'enthousiasme et la curiosité sont des formidables cadeaux à faire aux enfants, des provisions de bien-être qui leur permettront de mieux affronter les moments nécessairement durs qu'ils auront à connaître et que, malgré tout notre amour, on ne pourra leur éviter.
En faisant sentir aux enfants et aux adolescents qu'ils sont des forces auxquelles s'opposer, des références sincères, critiquables mais bienveillantes, les adultes les aideront à devenir ces grandes personnes qu'ils ne sont pas encore, mais qu'ils deviendront un jour.

CONCLUSION

On l'a vu tout au long de ce livre, les occasions sont aujourd'hui nombreuses de prendre les enfants pour des grandes personnes. Désiré, attendu, adulé, l'enfant est, du coup, plus que jamais, porteur des attentes des adultes, qui projettent sur lui les rêves et les désirs qu'ils n'ont pu réaliser eux-mêmes.
Non seulement les adultes foisonnent de projets pour les enfants, mais, surtout, ils sont pressés de les voir les réaliser, oubliant bien souvent de leur réserver ce précieux temps pour l'enfance qu'ils ne retrouveront jamais plus.
Il faut réapprendre la patience, ne pas vouloir accélérer à tout prix le rythme naturel du développement, même si l'environnement moderne nous y pousse chaque jour davantage et porte à vouloir « tout et tout de suite ». C'est probablement ce souhait insidieux qui angoisse les parents, inquiets de ne l'avoir pas réalisé pour eux, ou conscients des prouesses que cela demande, et qui ne veulent surtout pas que leurs enfants n'y parviennent pas non plus.
Ils les supposent d'ailleurs « naturellement » prêts à réussir là où ils ont échoué, leur attribuent un savoir qu'eux-mêmes n'auraient pas, les prennent pour des interlocuteurs d'un autre âge, les mettent devant des choix qui les dépassent...
Les enfants seraient plus sereins si leurs parents les laissaient à leur place d'enfant et reprenaient les rênes avec confiance. **Il ne**

s'agit surtout pas de retomber dans l'autoritarisme d'antan, avec ses règles désuètes et pernicieuses : l'enfant est bien une personne avec des désirs et des besoins spécifiques qu'il convient de respecter pour qu'il s'épanouisse et devienne un adulte content de l'être, mais il n'est pas encore une grande personne ; à chaque âge suffit sa peine !

ANNEXES

Qui et quand consulter ?

Il n'est pas toujours facile de savoir qui et quand consulter.

Qui est qui ?

• **Le pédopsychiatre** : c'est un médecin qui s'est spécialisé en psychiatrie et qui s'occupe spécifiquement des troubles psychiques de l'enfant et de l'adolescent.
• **Le psychologue clinicien** : il n'est pas médecin. C'est un professionnel titulaire d'un DESS de psychologie clinique et pathologique qui lui permet de travailler dans le domaine de la santé, dans les différentes institutions : hôpital, dispensaire, pouponnière, mais aussi dans d'autres secteurs comme le secteur judiciaire et pénitentiaire ou le secteur scolaire.
• **Le psychothérapeute** : Ce titre n'est protégé par aucun diplôme spécifique. Il désigne d'une façon générale les praticiens qui s'occupent du fonctionnement psychique et soignent par la « thérapie ». Il est prudent de s'informer de la formation initiale du psychothérapeute consulté.
• **Le psychanalyste** : C'est un praticien qui a suivi une analyse personnelle, puis qui exerce son métier sous le contrôle de ses pairs. Il a très souvent une formation de psychiatre

ou de psychologue clinicien. Il est à l'écoute des mécanismes psychiques inconscients qui peuvent altérer la vie de ses patients.

Où s'adresser ?

- **En secteur public :**
– À l'hôpital, dans un service de pédopsychiatrie.
– Dans un centre médico-psychopédagogique (CMPP) ou un centre médico-psychologique (CMP).
– Dans un centre de protection maternelle et infantile (PMI).
- **En secteur privé :**
– Chez un pédopsychiatre.
– Chez un psychologue clinicien.
– Chez un psychanalyste.

Le choix de ces praticiens ne doit pas se faire au hasard. Il est prudent de demander conseil à quelqu'un de confiance, médecin généraliste, pédiatre ou ami bien informé... Et si le choix s'avère peu concluant, que le courant ne passe pas, il est possible de changer car il est important d'être en confiance et de se sentir bien avec l'interlocuteur choisi.

Quand consulter ?

- Dans les périodes de crises ou de ruptures familiales : deuil, divorce, maladie, accident, chômage.
- Devant des difficultés ou des troubles du comportement que vous percevez ou que l'on vous signale : retard dans le développement du langage, de la motricité, dans certains apprentissages ; agitation, passivité, tristesse, réveil nocturne, pipi au lit, refus alimentaire, pleurnicherie, colère.
- À l'adolescence : changement dans les habitudes, repli sur soi, tristesse, provocation, colères, troubles du sommeil, trou-

bles alimentaires, baisse du rendement scolaire, phobie scolaire, conduites à risques, fugues, consommation d'alcool et de drogues, bizarrerie.

Chez l'enfant, mais surtout à l'adolescence, c'est **la persistance des symptômes**, leur durée dans le temps, qui doit alarmer les parents et les amener à consulter.

Petit vocabulaire de la psychanalyse

Stade oral : Freud décrit, en 1915, le stade oral comme premier stade de la sexualité. Le plaisir sexuel est alors lié à l'excitation de la cavité buccale. Le nourrisson à l'occasion des tétées, découvre ce plaisir.

Stade anal : Deuxième stade de la sexualité chez l'enfant que Freud situe aux alentours de deux ans. Il coïncide avec l'apprentissage de la propreté et la découverte du plaisir lié au double fonctionnement d'expulsion et de rétention des matières fécales.

Complexe d'Œdipe : Étape fondamentale du développement de la personnalité de l'enfant qui nourrit à l'égard du parent du sexe opposé un désir amoureux, et exprime vis à vis du parent du même sexe des sentiments de rivalité. Il débute autour de quatre ans et décline vers la septième année.

Période de latence : Au sortir du complexe d'Œdipe et jusqu'à la puberté l'enfant aborde une période d'apaisement des pulsions, au cours de laquelle il porte moins d'intérêt aux questions d'ordre sexuel et devient plus disponible pour les activités intellectuelles et sociales.

Castrations : Menaces inconscientes de perte. L'enfant doit faire face à une série de renoncements nécessaires à la construction de son identité sexuelle.

Narcissisme : Amour porté à l'image de soi même.

Assises narcissiques : Ensemble des gratifications que l'enfant a reçu de son entourage et qui lui permettent d'avoir une bonne image de lui même.

Fantasmes : Ensemble de scénarios imaginaires. L'enfant met en scène et réalise de façon imaginaire ses désirs conscients ou inconscients.

Identifications : Processus par lesquels l'enfant s'efforce de construire son identité en s'appuyant sur des images qui sont pour lui des modèles structurants.

Bibliographie

ANGEL Pierre et Sylvie : *Comment bien choisir son psy ?*, R. Laffont, 1999.
ANGEL Sylvie : *Des frères et des sœurs*, coll. *Réponses*, R. Laffont, 1996.
ARIES Philippe : *L'enfant et la vie familiale sous l'ancien régime*, Seuil, 1973.
BETTELHEIM Bruno : *Psychanalyse des contes de fées*, R. Laffont, 1976.
BISSON David : *L'enfant derrière la porte*, Grasset, 1993.
BRACONNIER Alain et D. MARCELLI : *Psychopathologie de l'adolescent*, Masson.
CAHN R. : *L'adolescent dans la psychanalyse*, coll. Le Fil Rouge, PUF, 1998.
CHILAND Colette : *Mon enfant n'est pas fou*, Bayard, 1989.
COMTE SPONVILLE André : *L'amour la solitude*, Paroles d'aube- Venissieux, 1997.
CONSOLI Silla : « Les liaisons dangereuses » in *Psychiatrie Française* n° 5, Paris 1985.
DAUDET Alphonse : *Le Petit Chose*, Livre de Poche.
DE SINGLY François : *Sociologie de la famille contemporaine*, Nathan université, 1994.
DOLTO Françoise : *La cause des enfants*, Pocket, 1995 ; *La difficulté de vivre*, Gallimard, 1995.

FOREST Philippe. *L'enfant éternel*, NRF Gallimard, 1997.
FREUD Sigmund : *Trois essais sur la théorie de la sexualité*, Gallimard, 1962 ; Essais *de psychanalyse*, Payot, 1999 ; *L'inquiétante étrangeté*, Gallimard, 1991.
GUTTON Philippe : *Le Pubertaire*, coll. Le Fils Rouge, PUF, 1991.
HURSTEL Françoise et DELAISI DE PARSEVAL Geneviève : *Le pardessus du soupçon ; Mon fils ma bataille*, in J. Delumeau, D.Roch : *Histoire des pères et de la paternité*, Larousse, 1990
KELLY-LAINE Kathleen : *Peter Pan ou l'enfant triste*, Calman-Lévy, 1992.
KLEIN Mélanie et RIVIERE Joan : *L'amour et la haine : le besoin de réparation*, Payot, 1989.
LAPLANCHE Jean et PONTALIS Jean-Bertrand : *Vocabulaire de la psychanalyse*, PUF, 1998.
MARCELLI Daniel : « Œdipe fils unique » in *Visage de la fratrie*, Revue adolescence, 1993 ; *Revue Neuro psy*, janvier 1998.
MILLER Alice : *Le drame de l'enfant doué*, coll. Le fil rouge, PUF, 993.
ROSOLATO G. : *L'axe narcissique des dépressions*, Nouvelle revue de psychanalyse, 1975.
WINNICOTT D. W. : *Processus de maturation chez l'enfant*, Science de l'homme – Payot, 1970 ; *L'enfant et sa famille*, Payot, 191 ; *L'enfant et le monde* extérieur, Payot, 1989 ; De *La pédiatrie à la psychanalyse*, Payot, 1989.
ZORN Fritz : *Mars*, .Gallimard, 1988.
Revue *Adolescence* : Tome 4 « Déprimer » et Tome 10 « Menaces ».

Remerciements

Mes remerciements vont à Mathilde Nobécourt pour sa présence chaleureuse et ses conseils pertinents dans la réalisation de ce travail.

À Cécile Sales, psychanalyste, pour la richesse de son expérience, la finesse de sa réflexion et son soutien précieux.

Je remercie aussi Dominique de la Porte des Vaux ; Marie-Christine Tarneaud et Nathalie Poujade, sans oublier mes trois fils et leur père, lecteurs attentifs et patients !

Et tout particulièrement à Laurence Cochet pour sa collaboration.

Table des matières

Préface	9
Introduction	17
I – LA PEUR D'ÊTRE PARENT AUJOURD'HUI	23
Évolution de la place de l'enfant, évolution des parents	25
La peur de mal faire	27
Les besoins de réassurance et de gratifications	30
La peur de grandir, la peur de vieillir	32
La peur des pères	35
II – À CHACUN SA PLACE	39
Attention à la confusion des rôles	41
Qui fait les choix ?	45
Chacun sa génération	47
Garder la bonne distance	49
III – L'ÉDUCATION : UN PASSAGE OBLIGÉ	53
L'autorité nécessaire	55
L'autoritarisme	56
Poser des limites	57

Le laxisme	60
Comment structurer un enfant ?	63
Les rythmes	66
Le jeu	67
Les sanctions	70
Les punitions corporelles	72
La moquerie et l'ironie	73
Le mensonge	74
Le vol	75
IV – L'ENFANT, SES PARENTS ET LA VIE SCOLAIRE	**79**
L'entrée à l'école	81
L'école primaire	83
Cerner les difficultés	85
Faut-il brûler les étapes ?	89
Le collège	90
Le stress des parents	92
L'enfant précoce intellectuellement	96
V – L'ENFANT ET LA FAMILLE ÉCLATÉE	**99**
Le couple qui se défait	101
Le parent seul	106
Le père seul	110
Le parent seul après un deuil	111
L'enfant qui ne connaît pas son père	113
La famille recomposée	114

VI – LES RELATIONS ENTRE FRÈRES ET SŒURS 119

Les parents face à la fratrie 121
Frères et sœurs, quelle fonction ? 121
L'influence du rang dans la fratrie 122
    L'aîné 122
    Le deuxième 125
    Le dernier 126
L'enfant unique 130
La famille nombreuse 132
La jalousie 134
Préférences et comparaisons 138

VII – DONNER LES BONNES RÉPONSES 141

Les secrets de famille, quand et comment leur dire ? 144
Que dire sur la séparation ? 146
Questions autour de la maladie et de la mort 147
Une demande peut en cacher une autre 151

VIII – LE MYTHE DE L'HARMONIE, LA PEUR DU CONFLIT 155

Le conflit nécessaire 157
Des divergences salutaires 160
Accompagner l'adolescence 162
Repérer les symptômes 163
Du rêve à la réalité 165
Faire face à l'adolescent sans se déprimer 166

Conclusion 169
Annexes 173
Bibliographie 179
Remerciements 181

DANS LA MÊME COLLECTION

Intelligent mais peut mieux faire
Jean-Luc Aubert

Quels repères donner à nos enfants dans un monde déboussolé ?
Jean-Luc Aubert

Du berceau à l'école – Les chemins de la réussite
Jean-Luc Aubert

Une autre école pour votre enfant – Les pédagogies différentes
A. Baudemont/L. Alcoba

Petits tracas et gros soucis de 1 à 7 ans – Quoi dire, quoi faire
Christine Brunet/Anne-Cécile Sarfati

Une famille ça s'invente – Les atouts des parents, les atouts des enfants
Hélène Brunschwig

Papa, Maman, laissez-moi le temps de rêver !
Etty Buzyn

Me débrouiller, oui, mais pas tout seul !
Etty Buzyn

La mort pour de faux et la mort pour de vrai
Dana Castro

Doué, surdoué, précoce – L'enfant prometteur et l'école
Sophie Côte

Adolescents à problèmes – Comprendre vos enfants pour les aider
Dr Patrick Delaroche

Doit-on céder aux adolescents ?
Dr Patrick Delaroche

Parents, osez dire non !
Dr Patrick Delaroche

Oser être mère au foyer
Marie-Pascale Delplancq-Nobécourt

Blessures d'enfance – Les dire, les comprendre, les dépasser
Nicole Fabre

La vérité sort de la bouche des enfants – Écoutons ce que nos enfants disent
Nicole Fabre

J'aime pas me séparer – Toutes les séparations dans la vie de l'enfant
Nicole Fabre

Amour, enfant, boulot... comment sortir la tête de l'eau
Anne Gatecel/Carole Renucci

Les mères qui travaillent sont-elles coupables ?
Sylviane Giampino

Il était une fois le bon Dieu, le Père Noël et les fées – L'enfant et la croyance
Dominique Gobert

Notre enfant d'abord – Du divorce à la médiation familiale
Muriel Laroque/Marie Théault

Papa, Maman, on m'a traité de gros
Élisabeth Lesne

Le chemin de l'adoption – Le cur et la raison
Jean-François Mattei

Tu ne seras pas accro, mon fils ! – Peut-on éviter à nos enfants de devenir dépendants ?
Dr Jean-Claude Matysiak

L'enfant unique – Atouts et pièges
Carl E. Pickhardt

Papa, Maman, j'y arriverai jamais ! – Comment l'estime de soi vient à l'enfant
Emmanuelle Rigon

Pourquoi pleurent-ils ? – Comprendre le développement de l'enfant, de la naissance à 1 an
Hetty van de Rijt/Frans X. Plooij

Aidez-moi à trouver mes marques ! – Les repères du tout-petit
Michael Rohr

Toutes les questions que vous vous posez sur l'école maternelle
Nicole du Saussois

Les risques de l'adolescence
Gérard Séverin

Nos enfants sont-ils heureux à la crèche ?
Anne Wagner/Jacqueline Tarkiel

Conception graphique : Palimpseste

Cet ouvrage, composé
par I.G.S.- Charente Photogravure
à L'Isle-d'Espagnac,
a été achevé d'imprimer sur Roto-Page
par l'Imprimerie Floch à Mayenne,
pour les Éditions Albin Michel
en juin 2002.

N° d'édition : 20971.
N° d'impression : 54619.
Dépôt légal : septembre 1999.
Imprimé en France.